本书由上海文化发展基金会图书出版专项基金资助出版

国家出版基金项目
NATIONAL PUBLICATION FOUNDATION

中 国 财 政 研 究 丛 书

"十二五"国家重点出版规划图书

建立现代预算制度——从绩效到民生

李成威　著

立信会计 出版社
LIXIN ACCOUNTING PUBLISHING HOUSE

图书在版编目(CIP)数据

建立现代预算制度:从绩效到民生/李成威著. —上海:立信会计出版社,2016.10

(中国财政研究丛书)

ISBN 978 - 7 - 5429 - 5221 - 9

I. ①建… Ⅱ. ①李… Ⅲ. ①国家预算—预算制度—研究—中国 Ⅳ. ①F812.3

中国版本图书馆 CIP 数据核字(2016)第 249471 号

策划编辑　　窦瀚修　方士华
责任编辑　　方士华　于　欣

建立现代预算制度——从绩效到民生

Jianli Xiandai Yusuan Zhidu

出版发行	立信会计出版社			
地　址	上海市中山西路 2230 号	邮政编码	200235	
电　话	(021)64411389	传　真	(021)64411325	
网　址	www.lixinaph.com	电子邮箱	lxaph@sh163.net	
网上书店	www.shlx.net	电　话	(021)64411071	
经　销	各地新华书店			
印　刷	江苏凤凰数码印务有限公司			
开　本	710 毫米×960 毫米		1/16	
印　张	12.25	插　页	1	
字　数	156 千字			
版　次	2016 年 10 月第 1 版			
印　次	2016 年 10 月第 1 次			
书　号	ISBN 978 - 7 - 5429 - 5221 - 9/F			
定　价	35.00 元			

如有印订差错,请与本社联系调换

前　言

　　财政是国家治理的基础和重要支撑。中国共产党第十八届中央委员会第三次全体会议(以下简称"中共十八届三中全会")提出要建立现代财政制度,实施全面规范、公开透明的预算制度。2014 年,中共中央通过的《深化财税体制改革总体方案》确立了三个方面的改革:一是改进预算管理制度,强化预算约束、规范政府行为、实现有效监督,加快建立全面规范、公开透明的现代预算制度;二是深化税收制度改革,优化税制结构、完善税收功能、稳定宏观税负、推进依法治税,建立有利于科学发展、社会公平、市场统一的税收制度体系,充分发挥税收筹集财政收入、调节分配、促进结构优化的职能作用;三是调整中央和地方间的财政关系,在保持中央和地方收入格局大体稳定的前提下,进一步理顺中央和地方的收入划分,合理划分政府间事权和支出责任,促进权力和责任、办事和花钱相统一,建立事权和支出责任相适应的制度。其中,预算制度改革排在首位,彰显了建立现代预算制度的重要性。

　　预算是国家以法律形式对政府所掌握的公共资源进行分配的过程,也是影响政府行为最有力的工具。随着政府管理理论及预算观念的发展变化,预算制度改革一直是世界各国讨论较多的焦点问题。现代预算制度以绩效为起点,以民生为归宿。20 世纪 90 年代以来,世界范围内将预算改革的焦点集中在能够有效提高政府行政绩效的绩效预算上。从发达国家推行绩效预算改革的实践来看,绩效预算在对提高公共资金使用效率、改进政府部门绩效等方面取得了明显的效果。因此,从绩效出发,研究建立现代预算制度,是构建全面规范、公开透明的预算制度的基本路径。

民生是人类永恒的主题。与作为国家治理基础和重要支撑相适应的现代财政制度的基本特征是"法治财政、民生财政、稳固财政、阳光财政、效率财政"。这五个方面以民生财政为核心,体现的是以人为本的财政。现代预算作为现代财政的重要组成部分,也是以民生作为核心并以民生作为基本归宿的。从以人为本的角度来看,将效率与公平有效融合的制度安排,也是公共风险最小化的制度安排。现代预算制度作为国家治理现代化的基础之一,是实现公平和效率融合发展的制度前提。通过现代预算制度安排,化解经济社会中的各种风险,促使公共风险最小化,这个过程本身对经济社会发展来说意味着效率的提升,而对于每个公民来说则意味着最大的公平。

2014 年 8 月,全国人民代表大会常务委员会通过了"全国人民代表大会常务委员会关于修改《中华人民共和国预算法》的决定",并重新颁布修订后的《中华人民共和国预算法》(以下简称新《预算法》),自 2015 年 1 月 1 日起施行。《预算法》的修订反映了现代预算制度和现代预算管理的六个基本要素:[①]

(1)完善政府预算体系。新《预算法》删除了有关预算外资金的内容,并明确规定:政府的全部收入和支出都应当纳入预算。预算包括一般公共预算、政府性基金预算、国有资本经营预算、社会保险基金预算。同时对四本预算功能定位、编制原则及相互关系作出规范。

(2)健全透明预算制度。新《预算法》要求,除涉及国家秘密的事项外,经本级人大或其常委会批准,预算、预算调整、决算、预算执行情况的报告及报表,应当在批准后 20 日内由政府财政部门向社会公开,并对本级政府

---

① 楼继伟:《认真贯彻新预算法　依法加强预算管理》,《人民日报》2014 年 9 月 1 日。

财政转移支付的安排、执行情况，以及举借债务的情况等重要事项作出说明。各部门预算、决算及报表应当在本级政府财政部门批复后 20 日内由各部门向社会公开，并对其中的机关运行经费的安排、使用情况等重要事项作出说明。

（3）改进预算控制方式。新《预算法》规定，各级人大预算审查的重点是：预算安排是否符合国民经济和社会发展的方针政策，收支政策是否可行；重点支出和重大投资项目的预算安排是否适当；对下级政府的转移性支出预算是否规范、适当。同时，各级预算收入的编制，应当与经济和社会发展水平相适应，与财政政策相衔接；各级政府不得向预算收入征收部门和单位下达收入指标。

（4）建立跨年度预算平衡机制。新《预算法》强调，各级政府应当建立跨年度预算平衡机制。各级政府一般公共预算按照国务院的规定可以设置预算稳定调节基金，用于弥补以后年度预算资金的不足。同时要研究编制 3 年滚动财政规划，并强化其对年度预算的约束。

（5）规范地方政府债务管理。新《预算法》增加了允许地方政府举借债务的规定，同时从限制主体、限制用途、限制规模、限制方式和控制风险五个方面作出限制性规定。这样既坚持了从严控制地方政府债务的原则，又适应了地方经济社会发展的需要。

（6）硬化预算支出约束。新《预算法》规定，在预算执行中，各级政府一般不制定新的增加财政收入或者支出的政策和措施，也不制定减少财政收入的政策和措施；必须作出并需要进行预算调整的，应当在预算调整方案中作出安排。

本书从建立现代预算制度的时代背景和历史趋势出发，对现代预算制度的逻辑起点和归宿进行了探讨，并对现代预算制度的基本要素进行了梳理和归纳。全书共分十章，主要内容如下。

第一章 建立现代预算制度的背景。本章对建立现代预算制度的社会背景和经济背景进行了刻画。现代化过程中,民主法治思想深入人心,加上近年来新公共管理运动的兴起,民众对政府治理水平的要求越来越高,这是建立现代预算制度的社会背景。经济步入"新常态"是当前我国各项改革的最大背景和逻辑。"新常态"的最大特点和突出表现是:经济增长速度由高速增长转变为中高速增长,财政收入增速下滑,同时财政支出刚性增加,这是建立现代预算制度的经济背景。

第二章　现代预算制度的逻辑起点——绩效。本章论证绩效是现代预算制度的逻辑起点。完整、透明、规范、高效都是现代预算制度必不可少的要素,但完整、透明、规范,都是从高效出发的。绩效预算不仅是一种预算方法的改变,而且是整个政府管理理念的一次革命。可以说,推进绩效预算是建立现代预算制度的敲门砖。

第三章　现代预算制度的归宿——民生。本章论证民生是现代预算制度的归宿。现代预算作为现代财政的重要组成部分,是以民生作为核心并以民生作为基本归宿的。民生是一种理念,并非我们通常理解的民生支出。现代预算制度作为现代财政的重要构成,着眼于公共风险,其目标取向以及与之相关的所有制度和政策,都应当以有利于人的生存和发展为出发点。

第四章　我国预算制度的沿革与现状。本章对我国预算制度的沿革进行回顾,并对预算制度的现状进行描述。改革开放以来,我国财政制度和体制经历了几个发展阶段,与此相对应,预算制度也经历过多次改革和调整。随着改革的不断深化,预算制度不断完善,为建立现代预算制度奠定了良好的基础。

第五章　现代预算制度的他山之石。本章阐述国外预算制度的经验和对我国的启示。发达国家预算制度是建立在成熟的市场经济基础之上的。在运作机制上都具有超强的法律属性和较为突出的公共属性,运作方式公开透明。这些国家的预算制度在处理公平与效率关系上有一些好的做法,其特征反映了现代预算制度发展的基本趋势,为我国建立现代预算制度提供了很好的借鉴。

第六章　构建完整的预算体系。本章分析现代预算制度和预算体系的完整性问题。现代财政制度的一个基本前提是全口径预算,即政府收支全部纳入预算管理,全面反映政府收支总量、结构和管理活动。要明确一般公共预算、政府性基金预算、国有资本经营预算、社会保险基金预算"四本预算"的收支范围和功能定位,加大统筹力度。

第七章　推动预算公开透明。本章探讨预算公开的若干问题。预算公开是现代财政的本质要求,是政务公开的重要内容。推进预算公开,有利于保障公民的知情权、参与权和监督权,加强对财政资金的社会监督;有利于促进党政机关厉行节约,推进反腐倡廉建设;有利于提高依法行政、依法理财水平,推进中国财政法制化进程。近年来,我国预算公开取得了积极进展,成效显著。但是,与社会公众的期望相比,预算公开还存在一定的差距,同时也暴露出一些问题和风险,需要认真分析,统筹把握,明确方向,采取有效措施,积极稳妥地推进预算公开。

第八章　实施中期预算框架。本章阐述中期预算框架相关内容。近期要推进实行中期财政规划管理,研究编制 3 年滚动财政规划,针对规划期内一些重大改革、重要政策和重大项目,研究政策目标、运行机制和评价办法。未来要实施中期预算框架,明确中期可操作的财政目标,提高预算项目的稳定性和可靠性,便于支出管理者制定更好的计划,同时实现预算的跨年度平衡目标。

第九章　构建战略和结果导向的预算绩效评价体系。本章阐述如何以战略和结果导向理念构建预算绩效评价体系。体现战略和结果导向理念的预算绩效评价体系,必然要以预算绩效管理战略规划模型为基础建立起来。绩效评价只是战略规划管理的一个环节。因此,战略导向理念应该在战略规划管理的整体中实现。同时,预算绩效评价体系也是构成预算绩效管理战略规划模型的一个环节。

第十章 规范地方政府性债务管理。本章从现代预算制度的角度讨论地方政府性债务管理问题。我国地方政府性债务风险和财政风险凸显,迫切需要将地方政府性债务管理纳入国家债务管理范畴,有效构建地方政府性债务风险预警和防范机制。同时,还需要从经济发展方式以及体制完善角度对地方政府性债务进行综合治理。

本书中部分内容是笔者参与相关的课题的研究成果,在课题研究过程中得到了相关领导和同事的指导与帮助,有些观点是在课题研究、讨论过程中直接产生的,笔者在此深表谢意。本书在研究和写作过程中吸收了很多前辈的学术思想和观点,虽然在脚注和参考文献中尽量予以标注,但也难免挂一漏万,在此一并表示感谢。感谢立信会计出版社编辑为本书的出版付出的辛勤劳动。由于时间仓促,纰漏在所难免,请读者加以批评指正。

李成威

2016 年 10 月

目　　录

第一章

建立现代预算制度的背景

建立现代预算制度具有深刻的时代背景,也体现了一种历史的趋势。

一、建立现代预算制度的社会背景

在现代化进程中,民主法治等思想观念深入人心,加上近年来新公共管理运动的兴起,民众对政府治理水平的要求越来越高,这是建立现代预算制度的社会背景。

1. 民主法治等思想观念深入人心

随着我国经济改革、民主政治的进步,以及新科学技术的推动,民主法治等越发成为政府部门和广大民众的主流话语体系。在这种情况下,民众要求监督政府并提高政府绩效的诉求也越来越强烈,必然要求建立现代预算制度。

民主法治观念是市场经济发展的必然产物。我国市场经济发展和建设具有政府主导下的分权化与市场化相结合的特点,分权包括中央向地方分权和政府向企业分权。

无论是分权化还是市场化,都是在政府主导下进行的。分权是由政府实行的放权,放松管制也由政府施动,究竟放松哪些,不放松哪些,先放松哪些,后放松哪些,如何放松,放松到何种程度,以及如何以规范为名,把放松的管制再管制起来,都是政府说了算,民间社会是没有办法约束政府并与政府抗衡的。这也决定了中国经济的市场化转轨采取了先经济、后社会,甚至单纯经济市场化的方式。①

在这种政府主导下的分权化与市场化相结合的经济建设作用下,我们看到:一方面,中国经济快速发展,市场经济逐渐繁荣,人民生活水平得到较大程度的提高;另一方面,在民众生产、生活最基本的需求得到一定程度的满足之后,必然要求自身合法权利得到良好保障,包括对相对稳定的社会环境的追求,对合理激励约束机制的追求,以及对公平、民主、法治的追求。因此,必然要求构建现代预算制度,也为我国接下来构建现代预算制度提供了基本的社会条件。

民主法治观念是我国民主政治进步的必然产物。近些年来,特别是进入21世纪以来,随着我国政治体制改革不断推进,"法治""人权""以人为本""公民社会""和谐社会"等许多新思想观念的传播,有力地推动了中国民主政治的进步。20世纪90年代中期以后,"法治"和"以人为本"的观念成为中国共产党的主流意识形态和重要理论基础;到20世纪末21世纪初,"保护公民人权""国家保护公民合法的私有财产"都被写入宪法,我国还出台了《物权法》,对保护公民私有财产也作出了法律规定;提出"政治文明",并在中国共产党第十六次全国代表大会上正式将以往所提的精神文明和物质文明"两个文明"扩充为"三个文明",倡导政治文明,实质就是倡导民主和法治。②

现代新技术的繁荣助推了民主法治观念植根。网络技术的普及和迅

---

① 张曙光:《市场经济与民主法治》,中国政治学网,http://newcp.ccnu.edu.cn/showSubject.asp? NewsID=760。

② 俞可平:《新观念推动我国民主政治进步》,《领导科学》2007年第19期。

猛发展,极大地提高了信息传播量和传播速度以及信息共享程度,与以往信息相对封闭和信息不对称相比,给社会带来了民主法治知识、相关案例以及相关信息的沟通、交流,极大地促进了社会思想解放和进步,对民主法治观念的深入有积极的作用。此外,现代新技术诸如现代交通技术、现代金融技术等,使经济社会运行产生了颠覆性的变化。

从历史上和国际上来看,现代技术给经济、运输和交易成本带来方方面面的积极影响,如果相应制度不跟上来,那么,老百姓的利益必定会受到威胁,现代技术给社会所带来的后患也会非常严重。[①]

因此,技术的发展和社会民主法治观念不断深入,为建立现代预算制度提供了良好的社会条件。

2. 新公共管理运动和理论的蓬勃发展

兴起于 20 世纪 70 年代末 80 年代初的新公共管理运动及其理论,迅速席卷发达国家和发展中国家,对公共部门管理和改革产生了深刻的影响。这也是我国构建现代预算制度的一个大背景和有利的社会条件。

从 20 世纪 60 年代开始,西方国家经济滞胀,失业率攀升、社会保障、环境污染和公共安全等社会问题凸显,与此同时,政府规模日渐膨胀、效率低下。这一现实激起了西方社会较为广泛的民权运动,运动的核心就是要求缩小政府规模、创新服务方式、降低服务成本和提高服务效率。应该说,新公共管理一开始就是以改革创新政府内部结构,以及公共产品供给方式为目标导向的。

最早实践新公共管理理念的是 1979 年英国撒切尔内阁,具体做法包括以下四个方面内容:

---

① 陈志武:《现代技术催生民主法治》,《中国评论月刊(网络版)》,www.crntt.com,2013-01-30。

一是引入私人部门管理技术阶段。撒切尔内阁提出著名的3E标准，即经济（Economy）、效率（Efficiency）和效益（Effectiveness），作为衡量行政管理和公共服务的质量最终尺度。二是公共服务私有化阶段，这使政府规模和活动范围大大缩小。三是公共服务代理化阶段。决策部门只负责政策制定，不再掌管政策执行。四是公共和私人部门伙伴关系阶段。①

历史证明，英国的政府部门改革极大地提高了政府部门效率，产生了良好的效果和十分深远的影响。此外，美国里根政府也较早力行了新公共管理理念，里根政府崇尚市场至上、个人自由和政府最小化。其基本理念是：对政府就应像一个大型公司那样予以组织和管理，公共部门和私人部门都需按照同样的经济参数和管理原则进行评价。② 世界多国在这场潮流中对公共管理进行了革新，虽然具体做法不尽相同，但也存在诸多共同之处。例如，都尽力压缩政府规模，减少政府对经济的直接干预，引入市场竞争机制；用企业化的管理方式和手段进行政府部门管理的创新；进一步明确政府部门的工作目标、职责范围和考核标准等。英国学者 Ewan Felie 将西方各国政府改革运动划分为四种模式，包括：将私人部门管理的方法和技术引入公共部门管理的效率驱动模式；更加追求组织架构灵活性的小型化与分权模式；强调价值、文化、习俗和符号等对组织及管理变迁与革新的重要性的追求卓越模式；强调公共部门的公共服务使命，但又采用私人部门的"良好的实践"中的质量管理思想的公共服务取向模式。

新公共管理相关理论吸收和结合了诸如现代经济学（如"理性人"假设、成本—收益分析等）、现代管理学（如私营部门的绩效机制、激励机制）

---

①② 高小平、沈荣华：《推进行政管理体制改革：回顾总结与前瞻思路》，《中国行政管理》2006年第1期。

等多种学科或流派的观点和方法。在此基础上,新公共管理理论认为,私人部门的诸多管理理论或方法,如绩效管理、目标管理、组织发展和人力资源开发等,都可以为公共部门所借鉴和应用,从而提高公共部门效率。弗里德曼和哈耶克提出了"小政府理论",建议在政府失灵的情况下,政府应该缩小行动领域和范围,专注于做市场不能做的事情,即提供具有非排他性的公共产品和服务。哈默和钱皮提出了"流程再造"理论,认为应该对官僚体制运行流程进行改造,对政府部门的业务工作流程进行重新设计,打破传统的职能型组织结构,建立全新的过程型组织结构,从而实现组织在成本、质量、服务和速度等方面的巨大改善,提高被服务者的满意程度。霍哲以政府绩效为切入点,设计了一套绩效评估流程,认为应将绩效评估作为改进绩效的一种管理工具,还强调应提高公民在绩效评估中的参与程度。此外,霍哲还提出了著名的"基于回应性的政府全面质量管理理论",提出了一套以顾客为中心,强调授权和协作基础上的政府的全面质量管理体系,以减少或消除官僚体制、利益集团和专业化结构所带来的"回应性障碍",从而建立一个更具回应性的、以顾客为中心的公共机构。奥斯本和盖布勒提出"重塑政府"理论,将"新公共管理"看作是一种政府管理模式,并提出这种模式中政府应遵循如下原则或者说具有如下特征:"掌舵"而不是"划桨";授权而不是服务;政府提供服务应具有有效的竞争机制;按章办事;按效果而不是按投入拨款;满足顾客的需要,而不是官僚政治的需要;有收益,不浪费;具有"预防而不是治疗"的预见性;不是等级制,而是参与和协作的分权式政府;以市场为导向。

实践证明,新公共管理运动和理论在很大程度上提高了西方国家公共管理水平,提高了国家经济社会发展水平和国际竞争力。新公共管理运动和理论对我国的公共管理理论和实践也产生了一定程度的影响。我国在政府管理方面也进行了多次改革。1978年以前,多是与经济压力和政府膨胀有关,需要降低政府成本;1978年以后,政府机构改革则呈现出需要适应市场经济建设的特点。随着经济领域改革的不断深入,政府行政管理改革也逐步推进。仅 1982—2003 年,我国就经历了五次较大规模的政府机构改革,但从整体上来说,均没有跳出"精简—膨胀—再精简"的怪圈。原因可能是因为政府机构改革并没有与转变政府职能结合起来,抑或是因为机构改革缺乏配套制度保障。[①] 进入 21 世纪以来,我国政府行政管理体制改革进一步加快,改革的目标由相对单一的"精简、统一、效能"向"着力转变职能、理顺关系、优化结构、提高效能"转变,而且同时注重机构改革所需的配套法律、法规和制度建设。这实际上也在一定程度上契合新公共管理的精神和理念,但同时,也仍需要在以下方面进行探索和改进:一是借鉴企业管理的理念精神和方式方法来管理政府并提高政府行为效率,如结果导向、目标管理、绩效评价和成本核算等;二是打破政府提供公共产品和服务的垄断地位,引入市场机制和竞争机制,提高政府公共服务效率;三是加强监督约束政府的法律、法规和制度建设,并加强公众参与程度。

可以看出,作为政府行为的重要手段和集中体现,预算制度在政府行政管理中必然发挥关键作用,必然成为政府行政管理体制改革中的重要内容。特别是在当前制度改革,尤其是政府行政管理制度改革已经成为经济社会等其他所有领域改革顺利进行和取得预期效果的必要前提的情况下,我国以往的政府机构改革经验和新公共管理运动及理论,为我国接下来构建现代预算制度提供了有利的社会条件。

3. 全球化进程客观上要求建立现代预算制度

全球化是人类社会发展的必然,并对人类的生产、生活方式都产生了深远影响。当前,全球化不断深化,全球格局正在发生变化,全球化所带来

---

① 柴生秦:《新公共管理对中国行政管理改革的借鉴意义》,《西北大学学报(哲学社会科学版)》2000 年第 2 期。

的风险也在不断加剧,需要财政强化对全球风险的治理。

我国是一个发展中大国,改革开放以来,持续了 30 多年的经济高速增长,加之经济社会改革不断深入,我国在国际社会和国际格局中的地位和作用发生了巨大变化:经济规模迅速扩大,对世界经济贡献率已由 1978 年的 3‰左右上升至 2014 年的 25.8%;我国是世界进出口贸易大国,且进出口贸易规模不断扩大,是世界最大出口国、第二大进口国;对外投资比例在全球不断扩大,连续 2 年位列全球三大对外投资国;我国还是世界制造业第一大国,2013 年,我国制造业产出占世界比重达到 20.8%,连续 4 年保持世界第一大国地位。在 500 余种主要工业产品中,我国有 220 多种产量位居世界第一,部分关键领域技术水平位居世界前列。

在全球化进程加速、全球化风险加剧和我国作为国际大国地位不断提升的背景下,我们必须"统筹大国崛起中的内外风险治理",这就需要我们:

> 既要了解、熟悉现行的国际规则,也要主动参与改善这些规则,要有大国的影响力,做到知己知彼、主动出击,督促发达国家在维护全球经济秩序、扩大开放、促进世界经济复苏等方面履行其应承担的责任和义务,确保我国国家利益特别是核心利益不受损害,着力提高促进经济平衡和可持续发展能力,治理经济发展中的系统性和结构性风险,注重统筹国内和国外两个市场,瞄准全球需求和未来新技术革命的趋势,促进扩大对外投资,鼓励企业走出去,实现产业全球布局。①

另外,全球化还增加了我国发展的难度和不确定性,我国面对和处理这种风险和不确定性的能力还不足,大国财政还无法与大国经济地位相匹配。因此,无论是参与全球利益分配,还是致力于全球风险防范,或是维护

---

① 楼继伟:在中国财政学会 2015 年年会暨第 20 次全国财政理论讨论会上的讲话。

本国利益,推动本国在全球化中的经济发展,都需要我们建立现代财政制度,而其核心就是现代预算制度。

二、建立现代预算制度的经济背景

当前我国建立现代预算制度的经济方面的条件,更多体现在我国经济和财政收支形势变化对建立现代预算制度的迫切性上,特别是客观上要求必须提高预算制度的效率。

1. 经济"新常态"要求提高预算制度效率

经济步入"新常态"是当前我国各项改革的最大背景。"新常态"的最大特点和突出表现是:经济增长速度由高速增长转变为中高速增长,财政收入增速下滑,同时财政支出刚性增加。

当前,经济高速增长已无法持续,且埋下诸多隐患。中国经济在长达30多年的时间里,除个别年份,基本保持了持续接近两位数或超过两位数的高速增长(见图 1-1)。

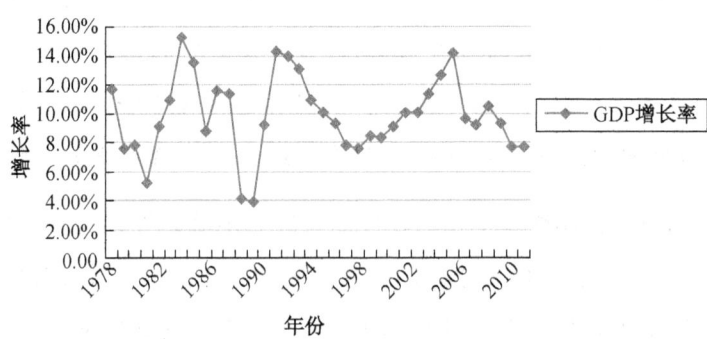

图 1-1　1978—2013 年我国经济增长速度变化

数据来源:相关年份《中国统计年鉴》。

我国经济高速增长有以下 3 个方面原因：

一是 30 多年来我国政局和国内外形势相对稳定，对外开放，对内在经济和社会领域推进各项改革，并以"摸着石头过河"和"试点试验"的方式渐进推进，社会主义市场经济制度得以建立和稳步发展，这为经济发展提供了良好的大环境，成为我国经济在较低起点持续高速增长的重要原因之一。

二是我国实行的粗放型经济增长方式，是依靠生产要素的大量投入和扩张实现的经济增长，是一种高消耗而低效益、重数量而轻质量的增长方式。以能源消耗为例，尽管我国经济增长速度很快，但同时应该看到，我国的资源消耗速度较之更快。我们用能源消费弹性系数来作为分析指标。能源消费弹性系数越大，说明经济增长依靠能源消耗的程度越大；反之，则越小。能源消费弹性系数公式为：

$$能源消费弹性系数 = \frac{能源消费量年平均增长率}{国民经济年平均增长率}$$

据统计，1990—2013 年，我国能源消费弹性系数平均为 0.580，但这一数值在不同时期有较大波动（见图 1-2）。可以看出，2002—2006 年，能源

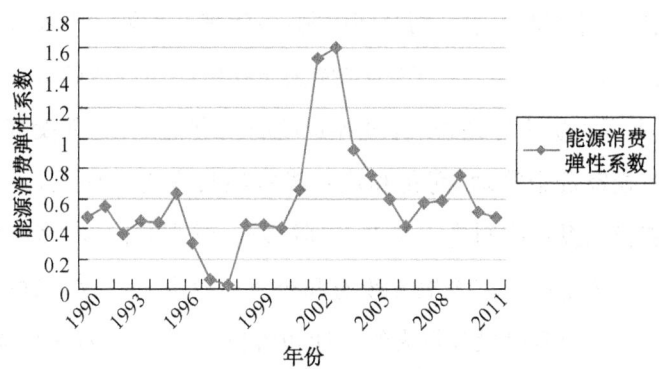

图 1-2 1990—2013 年我国能源消费弹性系数变化

数据来源：相关年份《中国统计年鉴》。

消费弹性系数较高,2003 年这一系数达到 1.53,后有所降低。能源消费弹性系数大于 1,即能源消费量的增长速度已经超过 GDP 的增长速度。这意味着,这些年,特别是 2002—2006 年,我国经济增长是靠能源高消耗尤其是高耗能产业的迅猛发展取得的。

再从我国与世界其他国家单位产品能源资源利用水平的横向对比来看,我国能源利用效率普遍低于世界平均水平。能源利用效率即生产单位 GDP 或产品所消耗的能源。据统计,我国能源利用效率比发达国家低约 10 个百分点;电力、钢铁、有色、石化、建材、化工、轻工、纺织 8 个行业主要产品的单位能耗平均比国际先进水平高 40%;钢、水泥、纸板的单位产品综合能耗比国际先进水平分别高 21%、45%、12%;粗铜综合能耗平均为 1 吨标准煤左右,比国际先进水平高 40%;氧化铝综合能耗平均为 1 154 千克标准煤,比国际先进水平高 50%左右。①

三是我国计划经济体制沿袭下来的具有明显政府主导型特征的投资体制,经济高速增长的一个重要原因就是地方政府的直接投资行为,特别是固定资产投资的高速增长,尤其是工业制造业和房地产业的迅猛发展,直接加快了经济增长速度。

我国投资体制脱胎于计划经济体制,多年来一直处于不断深化改革的探索中,特别是 2004 年颁布了《国务院关于投资体制改革的决定》,明确要求确立企业的投资主体地位、合理界定政府投资范围、健全投资项目决策机制、规范投资资金管理、简化和规范投资项目审批程序、引入市场机制等,标志着我国投资体制进入了改革新阶段。纵观我国 30 多年的投资体制改革,大趋势是逐步扩大地方政府和企业的投资自主权,采取市场化决策方式,并加强对政府投资行为的审计和监督,以实现投资主体多元化、投

---

① 引自国家发展和改革委员会价检司司长许昆林《在全国节能减排电力价格大检查部署动员大会上的讲话》,2010 年,国家发展和改革委员会网站。

资方式多样化、资金来源多渠道和项目建设市场化。但我国现行的投资体制仍存在弊端,突出表现在:政府仍然在很大程度上通过直接投资、为企业贷款进行担保、各种土地优惠政策等,直接或间接地作用于投资,并很容易形成政府、企业、银行之间的"多方合谋",使投资体制仍然具有明显的政府主导痕迹。

　　固定资产投资情况可以集中反映政府主导型投资体制下投资对经济增长的推动作用。表1-1分析了2003—2013年我国全社会固定资产投资情况。可以看出,我国全社会固定资产投资绝对额持续增长,增长率则在2009年前后达到一个相对高点,为30.0%,此后固定资产投资增长率开始下降,但同期GDP增速也持续下降。

表1-1　　　　2003—2013年全社会固定资产投资规模与增长率

年份	投资额(亿元)	投资增长率	GDP增长率
2003	55 566.6	27.7%	10.0%
2004	70 477.4	26.6%	10.1%
2005	88 773.6	26.0%	10.2%
2006	109 998.2	23.9%	11.6%
2007	137 323.9	24.8%	11.9%
2008	172 828.4	25.9%	9.0%
2009	224 598.8	30.0%	9.2%
2010	278 121.9	23.8%	10.3%
2011	311 485.1	23.8%	9.2%
2012	374 694.7	20.3%	9.7%
2013	446 294.1	19.1%	9.6%

　　数据来源:相关年份《中国统计年鉴》。

如果依据表1-2来看①,我国投资增长区间(速度)应该保持在12%～15%,可见我国目前实际的投资增长区间(速度)仍然高于这一水平。

表1-2   经济增长区间与投资增长区间的对比关系

经济增长区间(速度)	投资增长区间(速度)
6.0%～7.0%	9.0%～10.5%
7.0%～8.0%	10.5%～12.0%
8.0%～9.0%	12.0%～13.5%
10.0%～11.0%	15.0%～17.0%
12.0%	19.0%

此外,我国固定资产投资结构还存在失衡问题,偏重于工业和房地产业,使经济增长缺乏可持续性,为经济健康平稳增长增加了诸多脆弱性和不确定性。特别是在2009—2011年,我国第一产业固定资产投资占总固定投资的比重仅为3%左右,且呈下降趋势。第二产业固定资产投资占总固定资产投资的比重超过40%,占总固定资产投资的比重呈稳步上升态势,其中制造业固定资产投资占总固定资产的比重超过30%,2011年增长36%,比总固定资产投资增长率23.8%高12.2%。第三产业的房地产业占固定资产投资的比重也接近1/4。② 这些年来,第二产业投资占固定资产投资比重开始出现下降的趋势,由2011年的42.5%下降到2013年的41.6%,同时,第三产业投资所占比重开始出现上升趋势,由2011年54.7%上升到2013年的55.4%。但是不能忽视的是,制造业和房地产业的投资绝对量和占固定资产投资比重仍然呈上升态势。其中,制造业投资占固定资产投资比重由2011年的33%上升到2013年的33.1%,房地产业则由2011年

①　向清成:《论区域合理投资规模的确定》,《衡阳师专学报》1999年第1期。
②　詹卉:《地方政府投资冲动行为研究》,经济科学出版社2013年版。

的 26.2％上升到 2013 年的 26.6％。这种投资格局必然造成我国一些行业的产能过剩。分产业和行业固定资产投资情况如表 1-3 所示。

表 1-3　　　　　　　　分产业和行业固定资产投资情况　　　　金额单位：亿元

产业与行业	2011 年		2012 年		2013 年	
	固定资产投资	比重	固定资产投资	比重	固定资产投资	比重
总计	311 485.1	100％	374 694.7	100％	446 294.1	100％
第一产业	8 757.8	2.8％	10 996.4	2.9％	13 478.8	3.0％
第二产业	132 476.7	42.5％	158 262.5	42.2％	185 660.3	41.6％
工业	129 119.6	41.5％	154 523.5	41.2％	181 990.5	40.8％
采掘业	11 747	3.8％	13 300.8	3.5％	14 650.8	3.3％
制造业	102 712.9	33.0％	124 550.0	31.9％	147 705.0	33.1％
电力、煤气及水的生产和供应业	14 659.7	4.7％	16 672.7	4.4％	19 634.7	4.4％
建筑业	3 357.1	1.1％	3 739.0	1.0％	3 669.8	0.8％
第三产业	170 250.6	54.7％	205 435.9	54.8％	247 155.1	55.4％
交通运输、仓储及邮电通讯业	28 291.7	9.1％	31 444.9	8.4％	36 790.1	8.2％
信息传输、计算机服务和软件业	2 174.4	0.7％	2 692.0	0.7％	3 084.9	0.7％
批发和零售贸易	7 439.4	2.4％	9 810.7	2.6％	12 720.5	2.9％
住宿和餐饮业	3 956.6	1.3％	5 153.5	1.4％	6 041.1	1.4％
金融业	638.7	0.2％	923.9	0.2％	1 242.0	0.3％
房地产业	81 686.1	26.2％	99 159.3	26.5％	118 809.4	26.6％
租赁和商务服务业	3 382.8	1.1％	4 700.4	1.3％	5 893.2	1.3％
科学研究、技术服务和地质勘查业	1 679.8	0.5％	2 475.8	0.7％	3 133.2	0.7％
水利、环境和公共设施管理业	24 523.1	7.9％	29 621.6	7.9％	37 663.9	8.4％

（续表）

产业与行业	2011 年		2012 年		2013 年	
	固定资产投资	比重	固定资产投资	比重	固定资产投资	比重
居民服务和其他服务业	1 443.3	0.5%	1 905.0	0.5%	2 099.3	0.5%
教育	3 894.6	1.3%	4 613.0	1.2%	5 433.0	1.2%
卫生、社会保障和社会福利业	2 330.3	0.7%	2 617.1	0.7%	3 139.3	0.7%
文化、体育和娱乐业	3 162	1.0%	4 271.3	1.1%	5 231.1	1.2%
公共管理和社会组织	5 647.8	1.8%	6 047.4	1.6%	5 874.1	1.3%
国际组织	0	0	0	0	0	0

数据来源：相关年份《中国统计年鉴》。

因此，我国前些年的经济高速增长，注定是不可持续的，经济增速由高速向中高速增长转变也是必然的。2013 年，我国开始逐步"转方式、调结构"，经济开始步入"新常态"。

经济"新常态"迫切要求构建现代预算制度。以往经济结构失衡状态下的高速增长，虽然为经济健康发展埋下诸多隐患，但从另一个角度来看，也集中财力做大了"蛋糕"，这无疑也为财税和预算制度改革提供了条件，提高了改革的承受能力。"新常态"是对我国经济发展阶段性特征的高度概括，是对我国经济转型升级的规律性认识，将成为制定当前及未来一个时期我国经济发展战略和政策的重要依据。[①]"新常态"意味着我国经济发展将呈现出一些新的特征，突出表现在"中国经济正从高速增长转向中高速增长，从规模速度型粗放增长转向质量效率型集约增长，从要素投资驱动转向创新驱动"[②]，都对构建现代预算制度提出了迫切要求。2014 年以

[①] 李文：《深刻认识我国经济发展新常态》，《人民日报》2015 年 6 月 2 日。
[②] 摘自习近平在博鳌亚洲论坛 2015 年年会开幕式上的主旨演讲。

来,我国经济增长速度已经出现明显放缓态势(见图1-3),特别是2015年第三季度,GDP增速跌破7%,为6.9%。

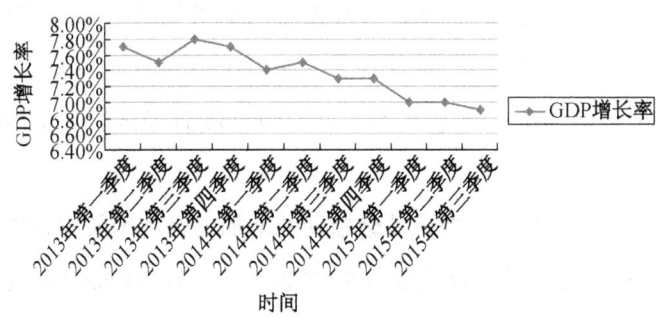

图1-3 2013—2015年分季度GDP增长率

数据来源:相关年份《中国统计年鉴》。

我们要看到,一方面,经济增速放缓有其必然原因,同时,也为经济结构调整优化提供了良好机遇;另一方面,经济增速放缓意味着经济压力增大。经济增速放缓通常会对以下几个方面带来影响,但也要综合其他因素进行科学分析:

(1)对就业的影响。因为经济增长是就业的基础条件。根据奥肯定律,在技术稳定的社会,经济增长与劳动就业之间呈现稳定关系。这也是为什么各国政府都将降低失业率作为重要的宏观经济目标之一。但是,同样的经济增长速度在不同背景的经济体或历史时期,所带来的就业效应很可能是不同的乃至差异巨大,这取决于经济增长方式、人口和劳动力数量趋势及特点等方面。而且,从我国历史实践数据来看,经济增长率与就业增长率变化在有的时期也呈现出"无关联性"或"非一致性"的特征。此次我国经济增速放缓,有分析认为,到目前为止尚未对就业市场带来明显影响,这可能与我国劳动力人口数量和结构的变化有关:"在2013年中国劳动力人口达到峰值后,2014年15~64岁的劳动力人口绝对数已经开始减少,比2013年少1 512万人。我们不清楚今年到底新增劳动力会减少多少,如果保守点估计也减少 1 500 万人的话,在技术不变的情况下,整个社会将有近 2 000 万劳动力供给缺口。因此,即使由于经济增长放缓,面临的也不再是就业压力,而是已有劳动力无法满足增长的需求。"[①]但这并不意味着政府可以忽视就业率,因为即便宏观整体层面劳动力短缺,个别地区或个别行业的劳动力过剩还将存在,并有可能随着经济增速下滑而出现失业率的上升。

(2) 对居民福利的影响。社会福利的增加是经济增长的最终目的。如果 GDP 增加但并未带来社会福利的增加,那么经济增长则应被视为是无效的或无意义的。那么经济增速放缓与居民福利之间是什么关系呢? 卢卡斯利用美国第二次世界大战后的消费数据分析显示,经济增速放缓对民众福利的影响非常大,相当于居民消费的 20%。[②] 我国一些地方在实践中也引入了"GDP 含金量"的指标,用来反映经济总量快速增长中居民收入和福利增长是否与 GDP 增长"同步"。因此,为了减轻经济增速放缓对居民福利的影响,政府应该一方面增加民生支出,打造服务型政府,另一方面注重调整经济发展中的产业结构,增强内源型增长,提高经济发展和 GDP 增长"益民性"。

(3) 对全球经济的影响。作为一个世界大国,中国经济的发展变化对世界经济形势产生了越来越明显的联动效应。同时也是由于过去 10 余年间,中国过于依靠制造业和房地产业推高了经济增长速度,因此澳大利亚、秘鲁、南非等铁矿石等大宗原料出口国获得了大量收益。随着我国经济增速放缓和经济增长方式的逐步转变,这些国家的经济也受到很大影响。

因此,虽然经济增速放缓是我国经济发展的必然,但政府仍要积极而为,尽量减轻经济增速放缓给经济社会发展带来的影响和冲击。其中,缓

---

① 杨晓维:《经济增长放缓影响就业了吗》,《光明日报》2015 年 10 月 14 日。

② Lucas, R. Models of Business Cyeles. Oxford: Basil Blackwell, 1987.

解经济形势带来的压力,政府首先就要带头"勒紧钱袋子、过好紧日子":一是因为我国政府部门仍然掌握着社会经济发展的大部分资金资源;二是因为政府部门的支出具有乘数作用,对整体经济影响程度较大;三是因为政府收支行为受到越来越多的关注,成为影响政府与民众关系的重要方面。这就要求我国尽快构建现代预算制度。

过去几十年经济的高速增长,虽然埋下诸多隐患,但做大了经济"蛋糕",为建立现代预算制度提供了坚实的基础和必要条件;经济增速放缓和经济压力加大,倒逼政府加快建立现代预算制度,凸显了预算制度改革的必要性。

2. 财政收支形势的变化

与上述经济增速下滑的经济新常态相对应的是财政新常态,表现为财政收入增速下降、财政刚性支出增加、财政收支矛盾加剧。这也要求我们必须建立现代预算制度。

表1-4　　　　2011—2014 年我国公共财政收入和支出情况

年份	公共财政收入		公共财政支出	
	数额(亿元)	增速	数额(亿元)	增速
2011	103 874.43	25.0%	109 247.79	21.6%
2012	117 253.52	12.9%	125 952.97	15.3%
2013	129 209.64	10.2%	140 212.10	11.3%
2014	140 350	8.6%	151 662	8.2%

数据来源:相关年份《中国统计年鉴》。

从表1-4中可以看出,2012 年以来我国财政收入增速开始下降,而财政刚性支出仍然存在或增加。财政部对财政收入增速下降分析了以下几点原因:"一是工业生产、消费、投资、进出口、企业利润等指标增幅均有不同程度回落,增值税、营业税、进口环节税收、企业所得税等主体税种增幅相应放缓;二是工业生产者出厂价格(PPI)持续下降,影响以现价计算的财政收入增长;三是房地产市场调整影响扩大,商品房销售额明显下滑,与之相关的房地产营业税、房地产企业所得税、契税、土地增值税等回落较多;四是扩大营改增试点范围等政策,在减轻企业负担的同时,对财政形成减收。"①自 2012 年以来,我国财政收支增速均出现下降(见图 1-4),且收入增速下降相对支出增速下降更为明显,这意味着财政支出的刚性增加,财政收支矛盾突出。

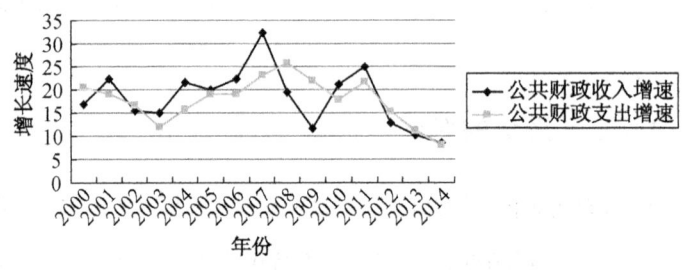

图 1-4　2000—2014 年公共财政收入和支出增速变化

数据来源:相关年份《中国统计年鉴》。

另外,据财政部财政科学研究所②的研究预测,由于经济发展水平、生产技术水平、分配政策及分配制度、价格因素、产业结构等几方面因素对财政收入规模的作用或制约,直至 2030 年,我国财政收入增长率将呈现一个稳步下降的态势(见表 1-5)。

这种财政总体从紧的形势,对建立现代预算制度有两个方面的影响:一方面,过去较高的经济增长速度和经济规模,为预算体制改革奠定了坚实的财税基础,有利于改革的深入推进;另一方面,紧迫的财政形势倒逼政府建立完整统一、透明高效的现代预算制度,特别是提高预算绩效和"硬约

---

① 资料来源:财政部网站。
② 财政部财政科学研究所研究报告:《国家财税体制改革及 2030 年前财政收入预测》,2014年 12 月。

束"。财政部财政科学研究所的研究报告也提出,统一国家财政,逐步将预算外和制度外收入纳入预算内管理。[①]首先,要提高对统一国家财政的迫切性的认识。凡属于政府行为的资金来源和使用,均纳入财政预算,克服在分配领域行政性分权的弊端。统一国家财政,既能准确反映国家财政收入分配的整体性规模,有利于综合平衡和宏观调控,也是建立和完善社会主义市场经济体制的必然要求。其次,要规范政府分配行为,理顺政府分配体制,凡体现政府职能的收费、基金项目都要逐步纳入财政预算管理,实现政府收支公开化,体制外收入要坚决规范,不合理的要坚决取消。事业单位有能力自收自支的,要创造条件实行企业化管理,逐步做到经费自给,停止拨款。

表 1-5　　　　　　　　　　　　财政收入预测结果表　　　　　　金额单位:亿元

年份	GDP 总量	GDP 增长率	财政收入	财政收入增长率
2014	631 532.41	7.4%	139 861.76	8.3%
2015	675 739.67	7.0%	150 477.6	7.59%
2016	723 041.45	7.0%	161 797.4	7.52%
2017	773 654.35	7.0%	173 909.6	7.49%
2018	827 810.16	7.0%	186 869.7	7.45%
2019	885 756.87	7.0%	200 737	7.42%
2020	947 759.85	7.0%	215 574.9	7.39%
2021	1 009 364.24	6.5%	230 317.6	6.84%
2022	1 074 972.92	6.5%	246 018.4	6.82%
2023	1 144 846.16	6.5%	262 739.9	6.80%
2024	1 219 261.16	6.5%	280 548.2	6.78%

---

① 财政部财政科学研究所研究报告:《国家财税体制改革及 2030 年前财政收入预测》,2014年 12 月。

（续表）

年份	GDP 总量	GDP 增长率	财政收入	财政收入增长率
2025	1 298 513.13	6.5%	299 514.1	6.76%
2026	1 376 423.92	6.0%	318 159	6.23%
2027	1 459 009.35	6.0%	337 922.6	6.21%
2028	1 546 549.91	6.0%	358 872	6.20%
2029	1 639 342.91	6.0%	381 078.4	6.19%
2030	1 737 703.48	6.0%	404 617.1	6.18%

资料来源：财政部财政科学研究所研究报告，《国家财税体制改革及 2030 年前财政收入预测》，2014 年 12 月。

　　此外，多年来，我国在财税体制、政府行政管理体制等多方面不断改革和探索，积累了很多好的做法和经验。当前，我国正处于全面深化改革的历史新时期。中共十八届三中全会提出，我国全面深化改革的总目标是"完善和发展中国特色社会主义制度，推进国家治理体系和治理能力的现代化"。正确认识和处理政府与市场之间的关系是本轮经济体制改革的核心，让市场发挥资源配置的决定性作用对完善社会主义市场经济体制至关重要。全会还提出"财政是国家治理的基础和重要支柱"，将财政体制提高到国家治理的基础性、制度性和保障性的高度。一系列深化改革的指导精神和实践探索，为我国接下来构建现代预算制度积累了较为丰富的经验。

第二章

现代预算制度的逻辑起点——绩效

现代预算制度以绩效为逻辑起点，以战略和结果为导向，以服务质量和社会公众满意为标准，奉行公共责任和顾客至上的管理理念，谋求社会公众通过公共责任机制对政府部门的直接控制，谋求政府管理对立法机构负责和对顾客负责的统一，谋求政府部门之间、政府部门与社会公众之间的良好沟通与交流。

一、现代预算制度以绩效为逻辑起点

绩效是现代预算制度的逻辑起点。完整、透明、规范、高效都是现代预算制度必不可少的要素。但完整、透明、规范，都是从高效出发的。现代预算制度从绩效出发，以民生为归宿，绩效最终的指向也是民生。

1. 对绩效的追求是建立现代预算制度的逻辑起点

改进现代预算制度的重点是绩效管理。财政是国家治理的基础和重要支撑，而预算则是财政的基石。预算绩效是政府绩效的重要组成部分，它直接反映政府行政运行的产出效率。讲求绩效是国家治理的内在要求和现代财政制度的本质特征。构建现代财政的关键是改进预算制度。学习、借鉴发达国家的有益成果，健全、完善预算制度是现代国家治理的重要内容。中央已明确,新一轮财税体制改革是一次立足全局、着眼长远、惠及民生的制度创新和系统性重构。改革的目的是建立与国家治理体系和治理能力相适应的制度框架。改革的目标是建立统一完整、法治规范、公开透明、运行高效,有利于优化资源配置、维护市场统一、促进社会公平、实现国家长治久安的可持续的现代财政制度。改革的任务是改进预算管理制度、完善税收制度、建立事权和支出责任相适应的制度。其中,改进预算管理制度的重点,就是要建立透明预算制度、完善政府预算体系、改进年度预算控制方式、完善转移支付制度、加强预算执行管理、规范地方政府债务管理和全面规范税收优惠政策。显然,加快推进现代预算制度建设,已成为建设现代财政制度的突破口和切入点。

健全现代预算制度,就是要实施预算绩效管理。预算绩效管理绝不仅仅是财政部门自身的事情,必须纳入国家治理体系统筹对待。首先要更新治理理念,统一改革共识,搞好制度顶层设计,强化政策的执行。①

2. 绩效管理引导预算走向战略和结果导向

作为一种持续改进政府公共管理的政策工具,绩效管理是从宏观的、战略的高度来测度公共财政资源配置和使用的经济性、效率性和有效性。绩效管理在系统分析影响和制约公共支出绩效的内外部环境的基础上,突出政府公共支出的使命、愿景、目的、目标、产出和结果等核心主题,将影响政府公共支出绩效的各种因素和资源进行系统整合,实现公共支出的战略管理和运作管理的有机结合。所以,它体现了一种战略导向的新公共管理理念。②

---

① 王泽彩、程瑜:《绩效是改进预算制度的内在要求》,《经济参考报》2015 年 1 月 22 日。

② 王宇龙、周战强、安秀梅:《公共支出绩效评估模型略论》,《财政监督》2007 年第 5 期。

从西方各国政府实施绩效管理的实践来看,绩效管理已经不再仅仅是作为一种微观的、局部的或纯技术性管理的工具,更多的是借助于宏观的、战略性的管理理念和管理方法,运用系统分析的方法,通过变革组织目标、组织激励、责任机制、权力结构以及组织文化等来创造具有创新惯性和质量持续改进的公共组织和管理体制,再造组织的核心竞争力。

首先,绩效管理体现战略导向。绩效管理系统分析在影响部门绩效的内、外部环境的基础上,明确部门的使命和愿景,从宏观的、战略的高度,把影响政府支出绩效的关键因素作为支点,对整个政府支出的过程和结果进行全程性的综合考核和评估。从战略层面看,一定时期内影响政府支出绩效的关键性杠杆和支点主要是:绩效目标、激励机制、责任机制、权力结构和组织文化。

(1)核心战略——明确绩效目标。即公共支出所要达到的宏观性、全局性和战略性的目标,以及影响目标实现的内、外部环境,自身的优势和劣势,机遇和挑战等。从总体上讲,政府公共支出的绩效目标就是确保公共支出的经济性、效率性、有效性、公平性和回应性。这些目标对不同层级的支出绩效评估都是十分重要的。因此,从战略的高度实施绩效评估首先应确定科学的绩效目标,绩效评估的实施要服从和服务于绩效目标的实现。

(2)推动战略——确定激励机制。公共支出绩效评估的出发点之一,就是要提高各级政府对公共财政资源的决策效率和管理运作效率。为此,必须实施以绩效为导向的推动战略,建立一种强有力的激励机制(如成就感、认可、挑战性、兴趣、责任感、晋升,以及薪酬和福利等),通过企业化管理①(如公司化、废除垄断、使用者付费、内部企业化管理等)、有序竞争(竞标、外包等)和绩效管理(如绩效合同、绩效工资、绩效预算、奖金、精神补偿

———————————

① 这里所谓的企业化管理的本意是:虽然不能像运作企业一样来运作政府,但可以像运作企业那样运作某些公共组织。可以将公共组织置于由付费顾客和激烈的竞争者支配的处境,并要求它们对其预算底线负责。当然,那些高度敏感性的政府管理职能部门不适宜企业化管理。

等),促使各级政府职能部门对预算决策和管理运作的结果负责。

(3)顾客战略——构建责任机制。实施绩效评估的一个重要目标,就是要通过绩效评估,不断增强预算资源决策者和使用者有效配置和管理资源的压力,提高政府部门对社会公共需要的回应能力,进一步增加它们持续改进绩效的动力,改变其落后、保守的行为模式,促使政府公共服务更加规范、透明、高效,真正对顾客①(社会公众)负责,对预算资源的最终使用结果负责。顾客战略实际上是对预算管理者施加了三层责任:一是要求政府对公众负责;二是要求行政对立法负责;三是要求政府上下级以及同级政府的不同职能部门之间相互负责。因此,公共支出绩效评估应以顾客满意为准则,以增进社会公共福利为目的,实现政府对公众负责和对立法机关负责的统一。

(4)组织(体制)战略——构筑相互制衡的权力结构。公共支出绩效低下在许多情况下可以直接归因于组织架构方面的某些缺陷。通过对组织架构的战略性安排,管理者可以对有关问题作出更为迅速的反应,并设计出更有效率的管理流程和解决方案。从管理的角度看,组织结构包括两个方面:一是组织的内部结构,即财政部门内部各业务部门的基本架构或财政业务职能在内部各部门之间的配置;二是组织与外部的结构体制,即各级政府间的财政关系、财政部门与本级其他政府职能部门之间的体制安排等。实施绩效评估的组织战略必须同时兼顾这两个方面。而且,为了提高公共支出的效益、效率和效能,在明确职责、加强绩效约束的前提下,管理控制权限应尽可能向下一级政府或部门转移。

(5)文化战略——创造持续改进的组织文化。组织文化是组织成员内化的、共同的心理行为、情感和心理结构,它包括组织成员的价值观、思维

---

① 把公民界定为政府服务的顾客可能会引起争议,认为忽视了其政治权利。实际上,在官僚体制下,公民根本没有现实途径可以使公共组织对其绩效负责,甚至难以有效地进行反馈。而把公民作为政府服务的顾客,实施顾客战略,则刚好把公共组织置于公共监督和反馈的循环之中。同时,为了督促政府关注顾客,最好的办法就是将顾客转变为选民。

定式、行为规范、信仰、愿景、工作态度、敬业精神、创新意识,以及使命感和期望值等。[①] 组织文化为人们提供了行为、感觉和思维的权威性准则。组织目标、激励机制、责任机制、权力结构等强烈影响和促进着组织文化的塑造,但组织文化有时也会固化成组织变革的阻力,影响管理的效率、效能和有效性。实证研究的结果表明,政府的规模与政府工作的效率之间没有必然的正相关性。只有以战略计划为前提,以绩效协议为纽带,以绩效指标和绩效计量为核心,以绩效报告为结果的评估体系才能真正提高政府的运作效率。因此,必须先转变政府公共管理的理念,形成重视绩效管理的文化氛围。

其次,绩效管理是一种以结果为本的控制。[②] 就其所体现的放松规制而言,绩效管理意味着这样一种制度设计:在现有制度框架下,以取得的结果而不是以投入作为判断政府公共支出绩效的标准。通过放松规制,改革照章办事的政府组织,把公务员从繁文缛节和过度规制中解脱出来,发挥他们的积极性和主动性,以便他们对结果负责,而不再仅仅是对规则负责,构建以结果为导向的控制机制,谋求有使命感的政府。因此,从对政府内部管理的改革与完善角度来说,绩效管理所体现的放松规制是要寻求一种新的公共责任机制:既要放松具体的规制,又要谋求结果的实现;既要提高公务员的自主性,又要保证公务员对公众负责、对结果负责;既要提高政府行政的效率与管理能力,又要切实保证政府管理的质量。就其所体现的政府职能市场化取向而言,绩效管理直接指向政府的某一项具体的职能,这就决定了绩效管理必然包括重塑政府角色和重新界定政府职能的内容。

在市场化条件下,根据社会的发展要求和公众的需要提供公共服务成为政府最重要、最基本的职能和最根本的任务。对政府职能范围内管理活

---

① 戴维·奥斯本、彼德·普拉斯特里克:《摒弃官僚制:政府再造的五项战略》,谭功荣、刘霞译,中国人民大学出版社 2001 年版。

② 蔡立辉:《西方国家政府绩效评估的理念及其启示》,《清华大学学报(哲学社会科学版)》2003 年第 1 期。

动的绩效进行评定,也就是要从绩效的角度对政府公共服务供给的数量、质量及其价格标准等进行综合考评,以确保供给者无法利用提供公共服务的机会谋取不正当的利益,保障社会公平,提高公共服务质量,增加顾客选择的机会,更好地满足顾客需要。这就需要打破原有政府对公共事务管理与公共服务供给的垄断,采用合同出租、外包和非国有化等多种形式,把原先由政府垄断的部分职能市场化,由市场微观主体通过竞争来参与公共服务的提供,或者通过合同订购、政府采购等,以竞争招标的方式交由社会承担。这样,政府绩效评估所包含的重塑政府角色和界定政府职能,使政府部门、私人部门和非营利部门都有机会提供公共服务,通过展开竞争,创造市场动力,利用市场机制解决政府管理的"X—无效率"问题。

3. 绩效管理体现的是公共服务"顾客"至上的理念

现代社会学理论认为,从传统国家向现代国家的转型,是政治权力、经济权力和社会权力在政府与社会之间重新配置、互为消长的过程。随着社会的变迁,政府在保持和巩固其政治强权的同时,在经济领域和社会领域的权力也在逐步增强,社会群体也会在这种变迁中,拥有一定的政治权力、经济权力和社会管理权力。原先的那种政府拥有绝对权力的"单极化"格局正在向政府与社会分享权力的"多极化"格局转变。在这种公共治理结构中,政府的干预主要应表现为将社会本身所具有的契约性规则赋予法律效力,保护"私权",仲裁和协调社会成员在"私域"中仅凭社会契约性规则无法解决的冲突,化解公共风险。随着政府角色和职能的重新界定,政府公共管理所隐含的政府部门的基本运行方式、政府与社会公众之间的关系发生了变化。政府与社会公众之间的关系由治理者与被治理者变为公共服务的提供者与消费者或顾客。政府行使公共权力主要是为了实现公共利益,主动为社会公众谋福利。社会公众成为政府管理活动服务的对象,是公共服务的消费者或顾客。这不仅使顾客或消费者与他们作为这个社会的主人——所有者具有了同一意义,而且,由于"权力是对公共服务供给的直接控制",使根据社会公众的需要提供公共服务成为政府公共管理的应有之义。在这种基本关系定位的前提下,绩效管理蕴涵的公共服务顾客至上的管理理念就要求政府支出管理活动必须以顾客为中心,以顾客的需要为导向。政府作为公共服务的提供者,应增强对社会公众需求的回应力,更加重视管理活动的产出、效率与服务质量,倾听顾客的声音,按照顾客的要求提供服务,并允许顾客作出选择。正如美国《设立顾客服务标准》①中规定,联邦政府部门必须制定顾客服务标准,政府部门必须为顾客提供选择公共服务的资源和选择服务供给的手段,包括:①分辨谁是或应该是联邦政府部门服务的顾客;②调查和审视顾客所希望的服务种类、服务质量,以及他们对服务的满意程度;③将服务水平和评估结果告诉顾客;④为顾客提供选择公共服务的资源和选择服务供给的各种手段;⑤建立信息系统、服务系统和有利于顾客抱怨及其意见反馈的系统;⑥提供各种有效的途径让顾客表达抱怨与意见。因此,绩效管理为改善政府与社会公众的关系,加强社会公众对政府的信任,实现"更有回应性、更有责任心和更富有效率"的政府改革目标提供了具体措施。②

　　追求高效和强化公共责任是绩效管理所具有的不可或缺的两个方面。政府在社会竞争中提供公共服务,既有助于提高效率,打破垄断和降低成本,又以明确的绩效目标和绩效管理保证其在竞争中对公众负责,提高服务质量。

　　在性质上,绩效管理是一种市场责任机制。库普尔把这种机制的含义概括为:一是"经济学的效率假设";二是"采取成本——收益的分析方式";三是"按投入和产出的模式来确定绩效标准,注重的是对产出

---

① 1993 年 9 月,美国克林顿总统签署了《设立顾客服务标准》第 12862 号行政命令。
② 王宇龙、周战强、安秀梅:《公共支出绩效评估模型略论》,《财政监督》2007 年第 5 期。

的评估";四是"以顾客满意为基础来定义市场责任机制,这种定义方法是把公民视为消费者"。①

二、现代预算制度的基本特征以高效为核心

现代预算制度的基本特征可以概括为:完整、透明、规范、高效。其中高效是核心,完整、透明和规范都是服务于高效的。

1. 完整

预算的完整性,有两个层面的含义:一是预算应为全口径预算,即应将政府部门的所有收入和支出都纳入预算,接受人民代表大会(以下简称"人大")审查监督。目前,我国已经取消了预算外资金,并建立四本预算,即一般公共预算、政府性基金预算、国有资本经营预算和社会保险基金预算,进一步明确了四本预算的功能定位、编制原则以及相互关系,这也将极大地提高预算的完整性。二是国家预算分配权力应统一在财政部门,强化人大对预算的审批和监督,取消部门"二次分配权"。"二次分配权"使财政资金异化为各部门的一种权力,固化了部门利益,严重肢解了预算的完整性和统一性,极大地干扰了财政资金的统筹使用,实际上也是对人大预算权的自我否定;与财政收支增幅或 GDP 挂钩的各种支出,主要涉及教育、科技、农业、文化、医疗卫生(含计划生育)、社保六大类。以 2014 年为例,财政安排中这六类挂钩支出就占全国财政支出的 47%。因此,现代预算制度应该是全口径预算,同时具有统一的预算分配权,减少专项资金、取消各项挂钩

---

① Guy Peters and Donaldavoie: Governance Changing Environment, Ottawa: Queens University Press,1995.

支出、取消一般公共预算中以收定支的规定,通过完整统一的预算制度实现公共风险的有效防范和化解。

2. 透明

公开透明是所有现代预算制度的另一个特征。公开透明的预算制度,可以最大限度地增强对公共部门的约束和监督,建设阳光政府,提高政府治理能力。近几年不断推进的预算公开工作,一是有力地促进了预算监督,加强了预算管理,较好地增进了社会公众和政府之间的理解,进一步增强了政府依法行政能力和反腐倡廉建设,预算公开正在发挥着更加积极的作用和促进了公民的知情权、参与权和监督权,对于推动社会主义政治文明与和谐社会建设发挥了重要作用;二是提高了政府执政能力和办事效率,促进了高效廉洁政府建设;三是对于深化财政改革、提升财政科学化、精细化管理水平作用显著,为依法理财和民主理财提供了重要支撑;四是对于提升预算管理水平、提高财政资金使用效益发挥了积极作用。

3. 规范

财政的实质为"以政控财、以财行政",预算制度是财政制度的核心,因此,预算的实质是以"财"治"政",是国家通过对政府的收入和支出活动进行民主和法治化治理,来规范、约束和监督政府行为,实现对政府的控制和问责。因此,必然要求现代预算制度是一种规范的制度。它主要包括以下几个方面的内容。

首先是预算内容的规范,解决预算"不全面"和"看不懂"问题。如上所述,完整性是现代预算制度的基本特征之一。完整性的一个重要方面就是内容的完整,只有完整的内容才能称得上是规范的内容。因此,建设规范预算,首要的问题就是确保预算内容的规范。预算内容的规范包括以下几点:一是要求内容是完整的,是包含政府所有收支的全口径预算。二是要求内容是细化的,唯有具体和细化的预算,才能切实发挥预算的监督和制约作用,才是规范有效的预算。对此,新《预算法》第三十二条第三款规定:"各部门、各单位应当按照国务院财政部门制定的政府收支分类科目、预算支出标准和要求,以及绩效目标管理等预算编制规定,根据其依法履行职能和事业发展的需要以及存量资产情况,编制本部门、本单位的预算草案。"第三十二条规定:"前款所称政府收支分类科目,收入分为类、款、项、目;支出按其功能分为类、款、项,按其经济性质分为类、款。"第四十六条规定:"报送各级人民代表大会审查和批准的预算草案应当细化。本级一般公共预算支出,按其功能分类应当编列到项;按其经济性质分类,基本支出应当编列到款。本级政府性基金预算、国有资本经营预算、社保基金预算支出按其功能分类编列到项。"第七十五条对细化决算也作出了要求:"决算草案应当与预算相对应,按预算数、调整预算数、决算数分别列出。一般公共预算支出应当按其功能分类编列到项,按其经济性质分类编列到款。"三是要求内容背后所蕴含的权力分配关系是合法、合理和高效的,这里主要是指预算分配关系。如上所述,应强化人大的立法和监督权力,并确保预算分配权力集中在财政部门,杜绝"小财政部"的二次分配现象。

其次是预算管理的规范,解决预算"软约束"问题。现代预算制度必然是一个严肃的、"硬约束"的预算制度,这就需要通过加强预算管理、改进相关制度来实现。一是改进年度预算控制方式,建立跨年度预算平衡机制。以往我国预算管理的重点和核心是收支平衡。中共十八届三中全会通过的《中共中央关于全面深化改革若干重大问题的决定》明确指出:"审核预算的重点由财政收支平衡状态、赤字规模向支出预算和政策拓展。"2015年出台的《关于实行中期财政规划管理的意见》(国发〔2015〕3号),明确了实行中期财政规划管理的总体要求、主要内容、编制主体和程序,以及组织实施步骤等,加强对年度预算的约束和指导。二是以一般性转移支付为主体,规范财政转移支付制度。2014年,国务院发布《关于改革和完善中央对地方转移支付制度的意见》（国发〔2014〕71 号），明确了优化转移支付制度的思路：以一般性转移支付替代以往专项转移支付的职能，区分项目法和要素法两种转移支付分配方法，以实现财政手段与实践需求的深度契合。三是进一步规范国库管理，健全国库集中收付制度。对此，新《预算法》也作了规定。例如，新《预算法》第六十一条规定："国家实行国库集中收缴和集中支付制度，对政府全部收入和支出实行国库集中收付管理。"第五十九条第五款规定："各级政府应当加强对本级国库的管理和监督，按照国务院的规定完善国库现金管理，合理调节国库资金余额。"第五十六条规定："政府的全部收入应当上缴国家金库（以下简称国库），任何部门、单位和个人不得截留、占用、挪用或者拖欠。对于法律有明确规定或者经国务院批准的特定专用资金，可以依照国务院的规定设立财政专户。"第六十条则对财政部门办理退库作出了规定："按照规定应当由财政支出安排的事项，不得用退库处理。"四是创新政府支出方式，强化政府支出管理。一方面，继续规范政府采购，国务院发布了《中华人民共和国政府采购法实施条例》，并积极组织开展政府购买服务管理办法并组织开展试点；另一方面，大力推广应用政府购买服务、政府与社会资本合作模式（PPP），财政部出台《关于进一步做好政府和社会资本合作项目示范工作的通知》（财金〔2015〕57 号）等系列文件，加强 PPP 研究，并规范 PPP 推广应用。

最后，新《预算法》还对结转结余资金和超收收入使用、预算调整、预算初审制度，以及预算审查重点等作出了明确的规定，同时，还对各级政府、各部门、各单位从预算编制、预算执行、预算调整，到决算的违法行为的预算管理全过程，都明确了法律责任，规定得更为具体和严厉。这都将提高预算规范性，从而增强预算刚性约束力。

4. 高效

高效是现代预算制度的基本特征之一，也是现代预算制度的根本目标。

高效必然是现代预算制度的关键和必不可少的特征。新《预算法》第一次写入了预算绩效管理。例如,第十二条规定:"各级预算应当遵循统筹兼顾、勤俭节约、量力而行、讲求绩效和收支平衡的原则。"第三十二条规定:"各级预算应当根据年度经济社会发展目标、国家宏观调控总体要求和跨年度预算平衡的需要,参考上一年预算执行情况、有关支出绩效评价结果和本年度收支预测,按照规定程序征求各方面意见后,进行编制。""各部门、各单位应当按照国务院财政部门制定的政府收支分类科目、预算支出标准和要求,以及绩效目标管理等预算编制规定,根据其依法履行职能和事业发展的需要以及存量资产情况,编制本部门、本单位预算草案。"第四十九条规定:"对执行年度预算、改进预算管理、提高预算绩效、加强预算监督等提出意见和建议。"第五十七条规定:"各级政府、各部门、各单位应当对预算支出情况开展绩效评价。"这些规定体现出现代预算制度"用钱必有责、支出必问效、低效必问责"的思路和机制,以提高预算效率、强化预算管理的约束力。

三、推进绩效预算是建立现代预算制度的敲门砖

绩效预算与传统预算的不同之处在于,它把市场经济的一些基本理念融入公共管理之中,从而有效地降低了政府提供公共产品的成本,提高了财政支出的效率。绩效预算不仅是一种预算方法的改变,而且是整个政府管理理念的一次革命。可以说,推进绩效预算是建立现代预算制度的敲门砖。

1. 绩效预算的理念代表着现代预算制度的理念

绩效预算内在的诸多理念实际上代表着现代预算制度的基本理念,主

要体现在以下五个方面:①

（1）从管人转向管事，更贴近市场经济要求。传统的预算管理方式，是按照"人员—职能—经费"这一模式进行制度安排的。先考虑人员等政府履行职能的资源量，再根据资源情况确定政府履行职能的程度，然后根据职能需要确定相应的预算。这一模式的计划经济痕迹很浓，所谓"因人设事"，就是这种制度安排的产物。绩效预算则以一种全新的角度，按照企业化经营模式，把政府作为一个提供公共服务的经济部门，建立起"公共服务—公共服务成本—预算"的模式，通过对公共服务的核算，进行预算编制。这就彻底改变了原来只考虑政府公共资源存量的做法，从而使预算紧紧围绕公共服务的成本，体现了预算的约束机制。

（2）从收支核算到成本核算，更符合价值规律的要求。在市场经济条件下，公共服务也是商品，也必须遵循价值规律。在传统预算理念下，预算收支仅仅体现了政府意图。从制度经济学的角度讲，政府自己按自身的意图编制、执行预算，本身就缺乏内在约束机制。尽管有人民代表大会（国会）的国家监督、审计部门的政府监督以及财政内部的监督体系，但总的来看，这些外部监督都难以摆脱政府自身需求膨胀的趋势，以至于政府支出扩张成为一个财政学的定律。绩效预算，则从强调公共服务核算的角度，在预算中融入了成本核算的理念，从而在制度上强化了政府内控机制，使公共服务能严格按照价值规律的要求进行核算。

（3）绩效预算更好地调动了各部门的积极性。财政支出绩效预算评审会议在传统预算管理体制下，要么先由财政代部门编制预算，要么由部门编制预算、财政审批，财政与各部门实际上站在对立的角度，在预算经费指标上进行博弈。绩效预算实际上把预算的执行权还给了部门，在确定了部

---

① 参考白景明、赵新国、李成威、马洪范：《广东南海模式与建立中国式绩效预算》，中国财经出版社 2010 年版。

门的业绩指标和预算指标后,部门可以在这些指标的前提下,自行调整实现业绩指标的技术路线,从而一方面使政府能较好地控制预算规模,另一方面可以极大地调动预算单位的积极性,使它们能更好地进行资源配置。例如,政府部门为了完成某项目标(如城市绿化),在政府核定的预算指标内,既可以选择通过招投标的方式,让市场力量来完成城市的绿化及维护工作,也可以通过组建公共园林局等形式,由政府部门来完成这项任务。这种选择权的下放,可以促进政府行为符合市场经济的要求,从而使政府行为与市场经济的要求更为协调。

（4）以客观公正的绩效评估体系代替传统的业绩考核,体现的民主化理念更为完整。绩效预算的核心,就是建立一套能够反映政府公共活动绩效的评估体系。在绩效预算制度下,一个单位的预算是根据它所要完成的职能,通过一系列取样于社会的客观指标来计算的。对各部门绩效的评估既不是本部门自己说了算,也不是财政部门说了算,而是由公众对政府的公共服务进行评价。这就赋予了绩效预算民主化的功能,无论是财政部门,还是用款单位,必须在公众的监督下,通过实现有效的公共服务,才能取得政府预算的支持。这种做法可以有效地改变各级官员盲目追求"业绩"和"形象"的形式主义做法。因此,绩效预算,也是一种公民(纳税人)监督下的预算方式。它对于强化财政监督,提高政府的管理水平,有着十分积极的意义。

（5）给予管理者充分的自主权符合现代行政管理体制改革趋势。传统预算管理方式侧重对投入的控制,往往用条条框框来约束部门管理者的具体活动。这种管理方式在一定程度上确保了资金使用的安全性,但部门管理者无法根据实际情况灵活安排资金,资金使用效果往往受到影响。绩效预算本质上是更加注重产出而非投入,为了确保产出目标的实现,有必要让最熟悉情况的管理者自己决定资源的配置。因此,赋予管理者充分的灵活性是绩效预算的又一显著特点。

综上所述,绩效预算理念的普及与应用,有利于将部门预算与部门发展规划和年度工作计划有机结合起来,合理分配财政资源,促使部门预算编制更加科学、规范、客观,能够更加准确地了解各部门履行职责所需的经费情况,从而提高财政资金使用效益。此外,还可以推动政府决策的民主化、科学化进程,有利于改善政府与社会公众的关系。从上述意义上讲,绩效预算理念实际上代表着现代预算制度的基本方向。

2. 绩效预算改革为建立现代预算制度提供了敲门砖

绩效预算改革是政府预算制度发展到一定阶段,加强财政管理与提高公共资金有效性的客观选择,也为建立现代预算制度提供了敲门砖。

(1)推进现代财政建设,强化支出管理。现代财政要从防范公共风险的角度优化政府公共支出,要求政府支出必须体现公共性特征,支出的安排要严格限定在提供公共服务的范围内。对拟安排的各个支出项目进行绩效评价,可以将各部门的职能与支出供给范围及规模紧密结合起来,真正解决公共资金供给中存在的"缺位"与"越位"问题,强化公共支出管理与控制。

(2)提高预算管理水平,促进预算管理改革。政府公共部门将其在年度内计划提供服务以及所需经费,分解成可以考评的、具体的、量化的公共支出绩效目标。财政年度结束后,比较分析各绩效目标的执行情况及最终完成情况,并将其作为确定下年度政府预算的重要依据。通过这样的绩效评价过程,可以促进各部门积极采取有效措施,使公共支出行为逐步规范化、科学化和精细化。

(3)提高财政资金使用效率,优化社会资源配置。通过建立公共支出绩效评价制度,可以对公共支出的科学性、投入风险、效益水平等方面进行综合评判。从中找出资金运行中的问题及其形成原因,明确相关责任,有利于推动资金管理和使用部门建立起强有力的执法和监督机制,有利于财政稀缺资源的优化配置和高水平利用。

（4）提高政府决策水平,建立良好公共治理。财政是国家治理的基础和重要支撑,也是推进国家治理能力和治理体系现代化的重要支撑。将政府公共部门的支出绩效执行情况公之于众,社会公众可以对不同部门的工作绩效,以及同一部门不同业务的绩效进行比较分析,有助于加强社会对公共支出的监督,促进政府提高决策水平,推进廉洁、高效政府的建设进程,增强政府的长远发展能力,建立良好的公共治理模式。

第三章

现代预算制度的归宿——民生

现代财政的本质特征是民生财政。民生财政并非一般意义上所说的民生支出,而是一种普世的价值体系。现代预算制度作为现代财政的重要组成部分,是以民生作为最终归宿的。①

一、从公共财政到现代财政:民生观的转变

现代财政和公共财政是一脉相承的关系,重视民生和追求公平是现代财政和公共财政的共同之处。但是两者也存在本质的不同,主要体现在两者的民生观和追求公平目标的方式上的重大差别:公共财政的民生观是在公平与效率对立中寻求公平,结果往往偏向于效率;而现代财政的民生观则是在公平与效率融合的基础上实现公平目标。

1. 民生是普世的基本价值

民生是永恒的、具有独立意义的基本价值主题,是指人民、居民的日常生活事项,如衣、食、住、行、就业、娱乐、家庭、社团、公司和旅游等。广义上

① 本章部分内容是作者参与的财政部综合司与财政部财政科学研究所联合课题"现代财政制度的基本理论框架和若干重大政策问题"的研究成果,感谢刘尚希研究员和财政部综合司各位领导对研究的指导和建议。

的民生是指凡是同民生有关的,包括直接相关和间接相关的事情都属于民生范围内。这个概念的优点是充分强调民生问题的高度重要性和高度综合性,但其明显的不足在于概念范围太大。狭义上的民生主要是从社会层面上着眼的。从这个角度看,所谓民生,主要是指民众的基本生存和生活状态,以及民众的基本发展机会、基本发展能力和基本权益保护的状况等。①

古今中外,民生都属于很重要的议题。对民生最直观的解释是"民众的生计、生活"。"谷与鱼鳖不可胜食,材木不可胜用,是使民养生丧死无憾也。养生丧死无憾,王道之始也。五亩之宅,树之以桑,五十者可以衣帛矣。鸡豚狗彘之畜,无失其时,七十者可以食肉矣。百亩之田,勿夺其时。数口之家可以无饥矣。谨庠序之教,申以孝悌之义,颁白者不负戴于道路矣。七十者衣帛食肉,黎民不饥不寒,然而不王者,未之有也。"②这是2000年之前,在社会生产力极其落后条件下孟子对民生的阐释。《左传·宣公十二年》:"民生在勤,勤则不匮。"明朝何景明的《应诏陈言治安疏》:"民生已困,寇盗未息,兵马弛备,财力并竭。"章炳麟的《訄书·商鞅》:"国政陵夷,民生困敝,其危不可以终一晡。"孙中山的《民生主义》:"民生就是人民的生活,社会的生存,国民的生计,群众的生命。"2000年,联合国首脑会议上189个国家签署的《联合国千年宣言》,就联合国千年发展目标八个方面作出正式承诺。这些目标:一是消灭极端贫困和饥饿;二是普及小学教育;三是促进两性平等并赋予妇女权利;四是降低儿童死亡率;五是改善产妇保健;六是与艾滋病毒/艾滋病、疟疾和其他疾病作斗争;七是确保环境的可持续能力;八是全球合作促进发展。③ 这些目标都与民生密切相关。

---

① http://baike.baidu.com/link? url=c9wGLqdht_guNJ_uf7M-uJPvA1xvoWwzMzgL3nFx7CugjiBB-88svZ0n5sKDFiX_A2xiRHxeY4DWQL5e_ezzfdM4n0U5BmJxVVOPjNDzHu3.

② 《孟子·梁惠王上》。

③ 参见联合国网站 http://www.un.org/chinese/ga/55/res/a55r2.htm。

2. 公共财政的民生观：在公平与效率对立中追求公平

公共财政属于公共经济学范畴，以市场经济为逻辑起点，以化解市场失灵为主要职能。经济学从个体理性出发，目标指向"物"，公共财政在公平与效率两个"轮子"对立中寻求公平，但结果总是偏向于效率这个"轮子"，而无法真正实现公平目标。[①]

公共财政属于公共经济学的范畴，是从经济学的视角看问题。在传统的学科定位中，财政学是一门应用经济学科，它主要解决的是市场经济条件下公共产品的提供问题。在财政学界被广为接受的马斯格雷夫关于财政职能的论断中，财政职能有三：资源配置职能、收入分配职能、经济稳定与增长职能。显然，按此判断，财政职能必须服从经济目标。实践中，我国财政目标的定位经历了两个重要阶段：在20世纪90年代中期以前，强调的是"建设财政"；90年代中期以后，强调的是"公共财政"。建设财政是顺应计划经济体制的要求而确定的财政目标，强调财政要为经济增长服务；公共财政是伴随社会主义市场经济体制逐步确立而确定的财政目标，强调财政为市场经济提供好公共产品，即所谓"聚众人之财办众人之事"。两个提法均强调财政的经济功能。[②] 公共财政始终是与市场经济联系在一起的，其基本逻辑也是与弥补市场失灵密切相关的。

从市场失灵理论出发，公共财政有以下职能：资源配置职能（一是通过政府收支行为，提供市场无法提供对于社会公民来说又是必需的公共产品；二是公共财政通过政策措施，促进私人部门之间及其内部配置资源，达到高效、合理利用稀缺资源的目的，解决微观领域内生产

---

① 财政部综合司与财政部财政科学研究所联合课题组：《现代财政制度的基本理论框架和若干重大政策问题》，内部研究报告，2014年。

② 吕冰洋：《现代财政制度与国家治理》，《中国人民大学学报》2014年第5期。

什么和如何生产方面的失灵问题),收入分配职能(公共财政对各社会成员占有或享有生产成果的份额的影响,解决微观领域内为谁生产方面失灵的问题)和经济稳定职能(公共财政通过对总供给和总需求的影响,解决市场自发不能解决的宏观经济问题,以达到促进经济稳定增长,缓解通货膨胀和失业压力的目的,实现通过宏观领域内的资源配置和收入分配作用)。[1]

公共财政在公平与效率对立中寻求公平,结果偏向于效率。从公共财政的资源配置、收入分配和稳定经济的职能来看,其中既有公平的目标,又有效率的目标。公共财政以"公共性"为目标,注重公平,而经济学是从个体理性出发的。因此公共财政虽然注重对公平目标的追求,但是由于公共财政从属于市场经济并服务于市场经济,因此在实际运行过程中不可避免地偏向于效率。也就是说,以公共经济学为基础的公共财政容易把公平和效率对立起来,难以达到两者的协调一致,公共财政试图在公平与效率对立中寻求公平,但不可避免地偏向于效率。

如果把效率和公平比作两个"车轮",公共财政试图用公平这个"轮子"来驱动,但是由于公共财政的经济属性,公共财政最终还是要依靠效率这个"轮子"来转动。在公共财政体系中,公平和效率不是有机融合的,而是在一定程度上对立的,公平和效率无法并行。在重大政策取向上,公共财政有时会偏向公平,有时偏向效率,总是在公平和效率问题上"打转转",并且最终还是偏向于效率取向,这样,公平和效率这个"二轮车"就容易变化成为"独轮车"。在这种情况下,经济和财政收入都有可能快速增长,但社会贫富差距和各种矛盾却在日益凸显,社会公平正义受到极大挑战。这点可以从国内外公共财政的实践中得到证明和体现。与市场经济体制建立

---

① 李成威:《公共财政资源配置职能的实现机制》,《中央财经大学学报》2002 年第 11 期。

相伴随,西方公共财政体系建立有上百年之久,但公平和效率的问题没有得到解决,以至于"从 20 世纪七八十年代开始,西方的不平等再度加剧"。[①]20 世纪末,中国开始探索建立公共财政体系,对"民生"投入可谓不少,但贫富差距等各种社会矛盾不但没有得到缓解,反而日益凸显。"据估算,20 世纪 90 年代及 2000 年年初,中国财富不平等程度与瑞典相当,到 2010 年则上升到了接近美国的水平,甚至有过之而无不及。"[②]

　　总体来说,公共财政是"以物为本"的。公共财政是从经济学中得出来的,是基于市场的视角,虽然跟过去的财政理论相比是很大的进步,但依然是"物本财政"。因为公共财政的理念是:市场能做的交给市场,市场不能做的交给政府来做。它强调效率,而效率还是以生产为本位,以生产为本位的财政还是属于物本财政。现在整个经济学就是以生产为本位的经济学,而不是以人为本的经济学。因此,在以生产为本位、以物为本位的经济学的指导下,形成的公共财政也是以物为本位的财政。公共财政源自西方,是按照西方经济学的框架建设的,是物本财政。与过去的所有制财政相比,公共财政是一个巨大的进步,它凸显了公共性。但与现代财政比较,公共财政又有历史的保守性,是以物为基础的财政。而现阶段,在国家现代化的进程中,公共风险治理包括社会治理等方面的重要性更加凸显。

3. 现代财政的民生观:在公平与效率融合中追求公平

　　现代财政的逻辑:现代财政属于综合交叉学科范畴,以国家治理为逻辑起点,以治理公共风险为主要功能。国家治理从集体理性出发,目标指向"人",现代财政靠的是公平和效率两个"轮子"同时驱动,因此可以在公平与效率有机融合的基础上实现真正的公平。

　　现代财政以国家治理为逻辑起点,以治理公共风险为主要功能。中共

---

①②　托马斯·皮凯蒂:《21 世纪资本论》,中信出版社 2014 年版。

十八届三中全会《关于全面深化改革若干重大问题的决定》(以下简称《决定》)提出"财政是国家治理的基础和重要支柱",这里所指的财政实际是"现代财政"的概念,也就是说,现代财政是以国家治理为逻辑起点的。这与过去我们常讲的"财税改革是经济改革的中心环节"是完全不同的,是在新的历史条件下对财政新的认识。这个认识突破了传统的经济学思维,把财政放在治国安邦的高度去认识。

> 过去30多年我们以经济改革为主,那个时期财税就是经济改革的中心环节。现在是全面深化改革,是整体性的改革,也可以说是系统性的全方位改革,其目标是国家治理体系和治理能力的现代化。从这个角度来看,说财政是国家治理的基础,表明财政改革是实现全面深化改革总目标的基础。这就意味着,财政不仅应在经济领域,而且应在社会领域、政治领域等国家治理的各个方面发挥其功能作用。①

国家治理的实质是大国崛起过程中或者国家现代化过程中的风险治理。国家治理要以财政作为基础和重要支撑,因为只有财政才是公共风险治理的基础和重要保障。从国家治理的角度看,财政是推动现代国家形成的关键性因素。这里的财政对应的就是"现代财政"。

现代财政在公平与效率有机融合的基础上实现真正的公平。顺着"财政是国家治理的基础"这个内在逻辑,财政的职能作用就不只反映在经济方面,还体现在包括经济、社会和政治等各个方面。因为国家治理一定是整体性、系统性的工程,既然财政是整体性、系统性工程的基础,就不是某一个方面能解决的。中共十八届三中全会《决定》里面有一句话:"科学的财税体制是优化资源配置,维护市场统一,促进社会公平,实现国家长治久

---

① 刘尚希:《财政改革、财政治理与国家治理》,《理论视野》2014年第1期。

安的制度保障。"这句话内涵丰富,实质上是对财政功能作用的精辟表述。资源配置、市场统一是效率问题,而社会公平则是现阶段社会关注的焦点问题。长期以来,作为"跷跷板"两端的效率和公平,成为理论和现实中很纠结的问题。其实,效率与公平没有哪一个优先的问题,而是从一个社会整体来看,如何实现两者的有机融合。在一定程度上,国家治理能力的强弱,可以用效率与公平的融合程度来衡量。融合程度越低,越是一边倒,就表明公共风险越大;融合程度越高,越是有机结合,就表明国家治理越是有效。那么,效率与公平怎样实现有机融合? 在国家制度结构中,主要依靠财政制度安排去实现。纯粹的市场机制无法解决公平问题,市场本身会产生"马太效应"。公平问题,靠"无形之手"难以解决,主要靠政府这只"有形之手"。学术上把公平和效率对立起来,实质上是对理论界市场与政府长期对立的逻辑延伸。从整体来衡量,市场与政府是有机的统一,效率与公平要有机融合,财政是不可或缺的载体。财政就是一个机制,像一部车上的两个轮子,一个轮子是效率,一个轮子是公平,只有这两个轮子平衡了,才能往前走,否则就会原地打转甚至翻车。这就是说,只有公平和效率有机结合了,经济才能发展,社会才能进步。中国能不能跨越中等收入陷阱,能不能实现国家现代化,要看公平与效率这两个轮子能不能并行。但从现实来看,财政融合效率与公平的功能并不强,或者说财政这方面的功能并没有真正发挥出来。这既与理论认识有关,也与财政改革不到位相连。就此而言,深化财政改革,创新财政制度,是促进效率与公平相融合的必要条件,也是降低当前国家治理风险的前提。[①] 公共财政与现代财政的逻辑比较如图3-1所示。

总体来说,现代财政是"以人为本"的。现代财政则是人本财政、民生财政。民生是社会的基本价值,像自由、平等、民主一样,现代财政是与这

---

① 刘尚希:《财政改革、财政治理与国家治理》,《理论视野》2014年第1期。

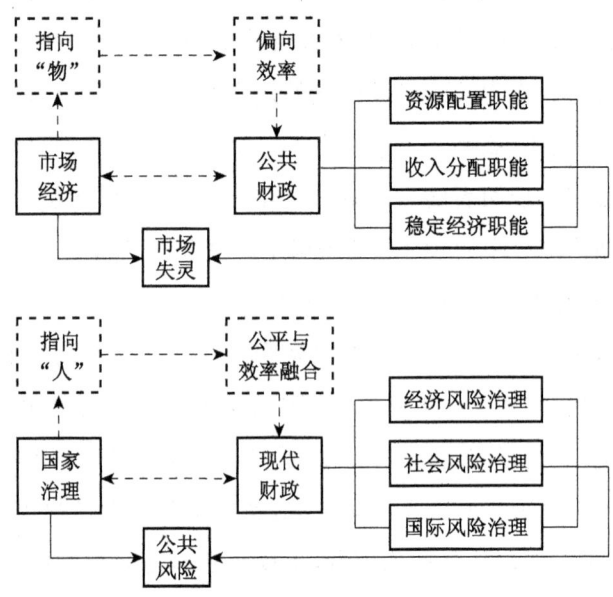

图 3-1 公共财政与现代财政逻辑比较图解

资料来源：财政部综合司与财政部财政科学研究所联合课题组：《现代财政制度的基本理论框架和若干重大政策问题》，内部研究报告，2014 年。

个基本价值相关联的。在经济学没有变成以人为本的情况下，只是为生产而生产，就会一直出现危机。经济学要解放出来，要回归到以人为本。现代财政背后就是人本财政、民生财政。与现代财政相关的民生财政与社会上误传的民生财政是不同的，不少人对民生财政的理解是现象层面的，仅从统计口径上去谈民生支出的多寡。这是对民生财政的一种认识误区。民生财政是属性的定位，是主体的概念，与财政上的民生支出范围无关。也就是说，现代财政对公共风险的治理，以及与之相关的所有制度安排、所有政策，包括目标取向，都应当以有利于人的生存与发展为出发点。公共财政着眼于满足社会公共需要，弥补"市场失灵"的风险，对促进市场经济体制的完善和发展尤为重要。我国财政公共性建设将是一个长期的过程。但在推进公共财政建设的同时，又不能满足于公共财政本身，应有现代财政的追求，一方面致力于国家现代化进程中的公共风险治理，另一方面使财政真正体现以人为本。只有形成这样的认识，改善民生、促进和谐社会建设才会收到更好的效果，才能真正让老百姓更加满意、更加幸福。[①]

二、从现代财政到现代预算：以民生为归宿

与国家治理基础和重要支撑相适应的现代财政制度的基本特征是"法治财政、民生财政、稳固财政、阳光财政、效率财政"。这五个方面以民生财政为核心，体现的是以人为本的财政。现代预算作为现代财政的重要组成部分，也是以民生作为核心并以民生作为基本归宿的。

1. 现代财政以民生为核心

在现代财政制度的五个特征当中，民生是核心、是本质。

民生是一项基本的价值观，是以消费为载体的。民生是经济、社会发展的根本出发点和落脚点，也是现代财政制度的基本出发点。收入分配、就业、社会保障等问题都是以民生为旨归的。所以，民生不是个人生活要素的大杂烩，而是在更大程度上实现人的自由发展，使人得到更大程度的解放，免于各种风险的侵扰。[②]

法治财政、稳固财政、阳光财政、效率财政都是为民生财政服务和保驾护航的。

①②　刘尚希：《民生财政是以人为本的财政》，《群言》2013年第2期。

（1）法治财政。法字当头，意味着在财政改革的整个过程和各个方面、环节中，都要运用法治的思维和理念。法治是消除不确定性、稳定预期、降低交易成本的最佳手段。

（2）稳固财政。财政职能与国家职能的表里关系、财政能力与国家能力的互映关系，表明财政能力是国家职能保障程度的度量，是国家能力水平的真实刻画。中国的大国崛起之路要想以和平的方式实现，不战而屈人之兵的后盾是强大的国防实力，而强大的国防实力的后盾又是强大稳固的财政保障能力。

（3）阳光财政。现代财政的重要方面是保证财政和预算的完全透明。但是完全透明并不意味着要事无巨细地把原始凭证全部公示出来，而是要使民众对政府的预算监督得到满足。完全透明在技术上有一个标准，但是从政府与民众关系的角度来讲，应当以民众的满意为准。透明预算的改革非常复杂，并非把数字公布就能实现，仍有很多基础性的工作需要落实。比如，政府收支分类是不是科学，这关系到民众能否读懂预算。若没有一个科学的政府收支分类体系，即使把数字事无巨细地公布到网上，民众也未必能够看得明白。

（4）效率财政。效率与预算透明息息相关。要理解这一点，首先要明确预算不仅仅是财政部的预算，也包括政府各个部门的预算。大多数部门的资金使用效率很低，其症结在于预算程序的不透明：每个政府部门都强调发展任务重，都要求增加预算。而事实上，许多部门只是盲目地要钱——甚至在项目没有落实的情况下先要钱，这就使国库积压大量资金，在要求预算当年完成的情况下，许多部门到了年底就会突击花钱，导致资金使用效率很低。因此，效率的关键在于完善部门预算的透明度，即要求每个部门作为预算执行的责任主体，建立一个完整的预算，不仅记录部门收入、支出数额，还要详细反映资金使用方向。现代财政的定位与特征如图3-2所示。

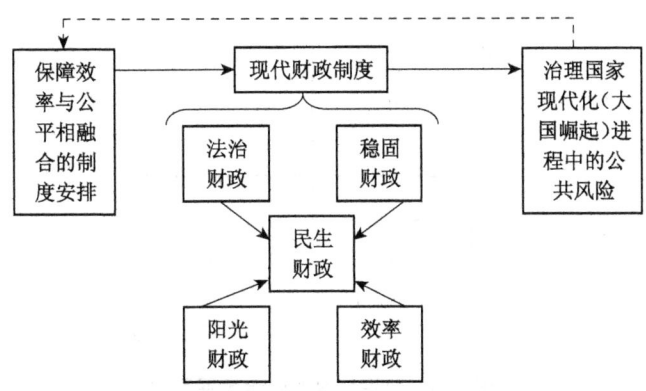

图 3-2 现代财政的定位与特征图解

资料来源：财政部综合司与财政部财政科学研究所联合课题组：《现代财政制度的基本理论框架和若干重大政策问题》，内部研究报告，2014年。

2. 现代财政的功能是要形成公平与效率融合的制度安排

从以人为本的角度来看，效率与公平有效融合的制度安排，也是公共风险最小化的制度安排。

如图 3-3 所示，公平和效率存在着四种组合关系，而只有公平与效率有效融合的时候，公共风险才是最小的。在 A 区域，公平和效率都处于较低水平，经济社会发展缓慢，财富集中在少数人手里，这个时候的公共风险是最大的。在 B 区域，公平的程度得到大幅的提升，但经济社会的效率处于较低水平，表现为平均主义盛行，经济社会发展缓慢。在 C 区域，追求高水平的效率是以公平被牺牲为代价的，表现为经济社会快速发展，社会公平程度急剧恶化。这个时候，在 B 区域和 C 区域，经济社会发展都存在较大的公共风险。只有在 D 区域，公平和效率有效融合，且都处于较高水平，并且两者之间形成了良好的互动，这个时候公共风险是最小的。一方面，效率提高给社会公平提供了更充足的物质保障；另一方面，社会公平程度的提高和优化也为效率提高提供了更好的激励机制。两者之间呈现出融合发展的趋势。

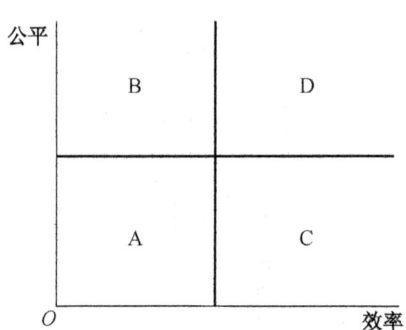

图 3-3　公平与效率融合发展图解

公平和效率是经济社会发展的两个维度。效率提高是为了更好地实现公平,维护社会公平在一定程度上也能促进全社会的效率提高。从以人为本和公共风险最小化出发,经济社会发展需要摈弃"效率优先、兼顾公平"的传统的公平与效率关系的观念,通过公平与效率融合发展的制度安排(亦即从图 3-3 中的 C 区域逐渐过渡到 D 区域),实现经济社会发展在更高层次上的协调发展,避免陷入中等收入陷阱,从而为大国崛起和国家现代化奠定基础。

实现公平与效率有效融合有两种途径。

(1)通过转变发展方式的途径来实现。例如,在宏观层面,我国2001—2010 年的 GDP 结构中,国内消费占 27%～35%,国内投资占45%～52%,外需拉动从 15%上升至 30%。而在微观层面,投资的主力是地方政府主导的基础设施建设,GDP 的庞大说到底不过是钢筋水泥。能部分反映民生状况和最具增长持续性的消费在最近几年也才占 35%,远低于发达国家的90%或国际标准的70%。外需出口局限于低端制造业,并受到国际形势和别国贸易政策变动的挑战。① 在这种情况下,调整经济增长中投资拉动和消费拉动的比例关系,适当降低投资比重、提高消费比重,有利于拉动有效需求,促进经济可持续健康发展,提升经济发展的效率;同时,

---

① 王凌俊:《改革开放 30 年,大国崛起的隐语》,《改革开放》2010 年第 4 期。

通过相应提高工资在增加值中的比重、劳动者报酬在 GDP 中的比重,这种措施本身也是促进公平的。

（2）通过现代财政制度安排来实现。首先,现代财政通过预算—税收—财政体制为国家治理现代化奠定基础,这是实现公平和效率融合发展的制度前提。其次,现代财政通过提供公共服务,化解经济社会中的各种风险,促使公共风险最小化,这个过程本身对经济社会发展来说意味着效率提升,而对于每个公民来说则意味着最大的公平。

3. 现代预算以民生为基本归宿

预算管理制度改革是深化财税体制改革的基础,也是财税体制改革的先行步骤,改革目标是完善预算管理制度,加快建立全面规范、公开透明的现代预算制度。现代预算制度是现代财政制度的基础和核心。推进国家治理现代化,必然要求构建现代财政制度,而构建现代财政制度,则必须构建现代预算制度,这是现代财政制度的灵魂。

现代预算制度是国家治理能力现代化的重要手段。

"治理"是与"统治"相对应的一个概念,两者主要有五个方面的区别:一是"统治"的主体是单一的政府或国家公共权利,而"治理"的主体则是多元的,除了政府部门,还可以包括企业、社会组织、居民自治组织等;二是"统治"是强制性的,而"治理"则更多强调协商性;三是"统治"依据的是国家法律,而"治理"则除了法律还需要参照非强制性的契约;四是"统治"是自上而下式的,而"治理"则可以是"平行"的;五是"统治"的范围以政府权力为边界,而"治理"的范围则要更宽,包括所有公共领域。①

因此,国家治理体系和治理能力现代化,必然要求公共权力运行的制

---

① 俞可平:《国家治理现代化须超越任何群体局部利益》,http://news. ifeng. com/exclusive/lecture/special/yukeping3/。

度化、规范化、民主化、法治化、高效化。而预算制度是集中体现国家治理体系中各方利益和矛盾的核心层面,因此,通过构建科学完整、透明高效的现代预算制度,规范调整预算收支规模和结构,是实现公共风险的有效治理、建设责任政府进而从根本上提高国家治理能力、推进国家治理能力现代化的核心和有效路径。

现代预算制度是实现民生财政的关键,也是以民生为基本归宿的。民生财政是现代财政制度的核心,是更大程度上解放和实现人的自由发展的财政。民生财政需要做到:一方面,预算支出结构更加向就业、社会保障、教育、医疗等民生领域倾斜,确保政府的支出方向和目标是有利于民生改进的;另一方面,实现民众对政府预算的有效监督,从而实现民众对政府行为的监督和约束,提高政府行政效率,确保政府行为是有利于防范和降低公共风险的。总之,发挥现代预算制度的监督和制约作用,是实现民生财政的关键和必由之路。

4. 现代预算制度通过推进法治、效率、阳光和稳固财政来实现民生目标

现代预算制度是构建法治财政的必要环节。市场经济是法治经济,发展市场经济必然要求建设法治财政。法治财政必然是推进国家治理现代化、构建现代财政制度的重要核心内容之一。预算制度是财政制度的基石,构建法治财政、实现财政制度法治化,必然要求实现预算制度的法治化,要求预算收入的组织安排、预算支出的计划和实施、预算收支的调整等,必须严格依法进行。

现代预算制度是实现效率财政的基础。现代财政制度是效率财政。一方面,完整规范、透明高效的现代预算制度,是提高财政收支效率的核心和必要条件;另一方面,从国家治理角度来看,财政应主要是对公共风险的防范和治理,因此,建立完整、透明、高效的现代预算制度,则能够确保收支

主要用于公共风险防范和治理。如果我们花的钱,不能落到降低公共风险上,说明这个钱不该花,这些钱就需要交给市场和社会了。政府花的钱,就应该体现在防范或降低公共风险上。此外,现代预算制度不再是"事后"的"报账",而是"事前"的科学安排计划,因此,它是一种重要的经济调节调控手段。特别是预算管理,应从以往平衡状态和赤字规模向支出预算和政策拓展,加强中长期财政规划管理对年度预算的约束性,以增强财政政策的前瞻性和财政的可持续性。这也是通过预算制度建设实现效率财政的重要内容和体现。因此,现代预算制度是有效提高财政运行效率、构建效率财政的重要基础性工具。

现代预算制度是实现阳光财政的核心。现代财政制度一个重要方面就是构建透明、公开的阳光财政,阳光财政的核心内容是预算公开透明。现代预算制度是一种公开透明的预算制度,必然是实现阳光财政的核心。通过构建现代预算制度实现阳光财政要做到:一方面,应该扩大预算公开范围、细化预算公开内容、强化预算监督检查;另一方面,更重要的是完善预算公开的相关基础性工作,特别是构建科学、合理、规范、明确的政府收支分类体系,确保民众看得到、看得明白,才能确保将预算公开落到实处。

现代预算制度是实现稳固财政的重要内容。稳固财政是一个新的提法,实质上是强调财政制度应该遵循依法稳健理财的原则,形成一种财政收支稳定、政府间财政关系明晰、财政可持续运行和发展的稳健格局。构建稳固财政,需要预算制度、税收制度、债务制度等多个方面的系统配合。其中,现代预算制度是实现稳固财政的重要内容,通过构建科学合理的政府预算收支分类体系,公开明细、规范管理,提高预算的严肃性和"硬约束",是实现稳固财政的重要内容。

第四章

我国预算制度的沿革与现状

改革开放以来，我国财政制度和体制经历了几个发展阶段，与此相对应，预算制度也经历过多次改革和调整。随着改革的不断深化，预算制度不断完善，为建立现代预算制度奠定了良好的基础。

一、改革开放以来我国财政制度和体制的演变

改革开放以来，我国财政制度和体制的演变大体可以划分为以下几个阶段。

1. 1978—1991 年：财政包干体制阶段

这一时期采取"包干"的方式处理中央与地方财政关系，主要目的是为了"放权让利"，扩大地方财政自主权，激发地方经济发展主动性，改变改革开放以前高度集中的计划经济体制下"统收统支"的财政体制及其导致的"统得过死，集中过多"的弊端。

这一阶段的财政包干具体办法在不同年度及不同地区均有所不同。1980 年实行的是"划分收支，分级包干"的办法，是以 1979 年各地方财政收支数为基础，以此核定地方收支包干的基数。其中，收入大于支出的地方，收入需按一定比例上缴；支出大于收入的地方，将工商税按一定比例留给

地方,作为调剂收入;工商税全部留给地方后仍收不抵支的,中央给予定额补助。另外,收入分成比例或补助支出数额确定后,5年不变。地方多收可以多支,少收可以少支,中央不再增加补助,地方财政自求平衡。1989年,按照"先调动地方组织收入的积极性,在地方财政收入增长以后,中央再从收入增量中多拿一些"的思路调整基数,实行"划分税种,核定收支,分级包干"的包干体制,使财政包干制度更加完善。

"分灶吃饭"的财政包干体制,打破了以往财政"大锅饭"体制,扩大了地方自主权、极大地激发了地方经济发展和组织收入的积极性。但也存在一定弊端,突出的问题就是导致财力分散,中央财政收入在财政总收入中的比重降低,宏观调控能力弱化。随后,我国实行了分税制改革。

2. 1992—2001年:分税制财政体制改革阶段

分税制是指在合理划分各级政府事权的基础上,将税种分为中央税、地方税和共享税,并据此确定各级政府收入,各级预算负有平衡责任,差额通过转移支付制度进行调节。事实上,这也是市场经济国家普遍推行的一种财政管理体制模式。

分税制主要内容包括事权与支出划分、收入划分、转移支付制度三个方面。在事权与支出划分方面,规定中央财政主要承担国家安全、外交、宏观调控、区域之间协调以及由中央直接管理的社会事业发展支出等方面支出;地方财政主要承担本区域公共产品和社会事业的提供。在收入划分方面,将维护国家权益、实施宏观调控所必需的税种划分为中央税;将同经济发展直接相关的主要税种划分为中央与地方共享税;将适合地方征管的税种划分为地方税,充实地方税税种,增加地方税收入。分设中央与地方两套税务机构,中央税务机构征收中央税和中央与地方共享税,地方税务机构征收地方税。在转移支付制度方面,也采取了临时性的办法。

实践证明,分税制有效增强了财政实力和宏观调控能力:我国财政收入从1994年的5 218.1亿元增加到2014年的140 350亿元,全国财政收入占GDP的比重也从1994年的10.76%提高到2014年的22.06%。但与此同时,分税制仍存在一系列问题,突出表现在:省以下分税制财政管理体制不完善,省以下尚未按照事权划分财政收支;地方税收体系不健全、不稳定;转移支付制度存在缺陷等。

3. 2002—2012年:构建与市场经济相适应的公共财政制度阶段

随着市场经济加快发展,"公共财政"的提法得到中央文件的肯定。中国共产党第十五届中央委员会第五次全体会议《中共中央关于制定国民经济和社会发展第十个五年计划的意见》中,明确提出把建设公共财政初步框架作为"十五"时期财政改革的重要目标。这是与计划经济时代的生产建设性财政相对应的一种概念,是指政府集中一部分社会资源,用于为市场提供公共产品和服务,以满足社会公共需要的分配活动或经济行为。

公共财政制度建设,重点有两个方面:一个是调整优化公共财政支出结构,增加了教育、医疗、社保、基础设施、生态环境保护等公共领域支出,同时逐步减少或退出一般竞争性领域的财政直接投资(如表4-1);另一个是加强对公共支出的管理,包括推行部门预算改革、国库集中支付改革、政府采购改革、建立和完善基本支出和项目支出管理办法、深化收支两条线改革等,提高财政资金支出管理的安全性和规范性。

表4-1 2007—2012年民生支出占财政支出变化情况 金额单位:亿元

项目 年份	财政支出	教育支出		公共卫生支出		社会保障支出	
		数额	占比	数额	占比	数额	占比
2007	49 781	7 122	14.31%	1 990	4.00%	5 447	10.94%
2008	62 593	9 010	14.39%	2 757	4.40%	6 804	10.87%
2009	75 874	10 438	13.76%	3 994	5.26%	7 607	10.02%

（续表）

年份 \ 项目	财政支出	教育支出		公共卫生支出		社会保障支出	
		数额	占比	数额	占比	数额	占比
2010	89 874	12 550	13.96%	4 804	5.35%	9 131	10.15%
2011	108 930	16 116	14.79%	6 367	5.85%	11 144	10.23%
2012	125 712	21 165	16.84%	7 199	5.73%	12 542	9.98%

数据来源：根据相关年份《中国统计年鉴》整理。2007年财政收支科目进行了较大改革，采取了新的分类指标，特别是财政支出项目口径变化很大，与往年数据不可比，因此这里数据选取2007年至2012年进行分析。

我国公共财政制度建设取得了显著的成效，特别是较之以往有效提高了财政民生支出规模，规范了财政支出管理。但是公共财政制度建设也仍然存在一些问题，具体来说，如预算调整不规范、预算执行存在法律空当、收支不够细化、预算透明度低、支出预算约束偏软、项目预算缺乏标准和依据、预算管理偏重收支平衡状态、立法机构预算权被虚化等财政制度的法治化水平低、规范性和稳定性较差问题。[①]

4. 2013年至今，建立现代财政制度阶段

中共十八届三中全会提出"建立现代财政制度"的财政制度建设的总目标，推进国家治理体系和治理能力现代化。建立现代财政制度要对财税体制等基础制度进行系统性重构，建立现代财政支柱。

（1）建立全面规范、公开透明的现代预算制度。这是国家治理体系和治理能力现代化的基础和重要标志，是强化预算约束、规范政府行为、实施有效监督，把权力关进制度笼子的重大改革举措。为此，要切实建立透明预算制度，完善政府预算体系，改进年度预算控制方式，完善转移支付制度，加强预算执行管理，规范地方政府债务管理，清理规范税收优惠政策。

---

① 刘明慧：《从公共财政制度到现代财政制度：逻辑演进与职能定位》，《财政监督》2014年第17期。

（2）建立、健全有利于科学发展、社会公平、市场统一的税收制度体系。税收制度是现代财政制度的重要组成部分。新一轮税制改革总的方向是：优化税制结构、完善税收功能、稳定宏观税负、推进依法治税，充分发挥税收筹集财政收入、调节分配、促进结构优化的职能作用。为此，要抓紧推进增值税改革，完善消费税制度，加快资源税改革，建立环境保护税制度，加快房地产税立法并适时推进改革，逐步建立综合与分类相结合的个人所得税制。

（3）调整中央和地方政府间财政关系，建立事权和支出责任相适应的制度。在保持中央和地方收入格局大体稳定的前提下，进一步理顺中央和地方收入划分，合理划分政府间事权与支出责任，促进权力与责任、办事与花钱相统一，全面提升国家治理效率。为此，要进一步理顺中央和地方收入划分，合理划分各级政府间事权与支出责任。在明晰事权的基础上，进一步明确中央和地方的支出责任，中央可运用转移支付机制将部分事权的支出责任委托地方承担。[1]

二、我国预算制度的历史演变

1. 1951—1978 年：预算制度的初步建立与历经波折

1951—1978 年，我国预算制度大体历经以下几个阶段及其总体特点和作用。

（1）1951—1952 年：完全集中制的预算制度。1951 年 7 月 20 日政务院发布了《预算决算暂行条例》（以下简称《条例》），这是新中国第一个正式

---

① 楼继伟：《在中国财政学会 2015 年年会暨第 20 次全国财政理论研讨会上的讲话》。

的预决算制度,可以说是新中国预算制度建设的起点,标志着我国预算管理制度开始建立。该《条例》对预算组织体系、时间跨度、编制、审定、执行等环节都作出了规定,且一直沿用了40年直至1991年,奠定了新中国预算制度的基本框架,并对后来的预算制度及其变革产生了深远的影响。

当时的预算制度主要有以下突出特点:一是高度集中。预决算的各个环节均体现出明显的中央控制或主导特点,应该说,这是一种中央控制地方的预算管理模式。例如,无论是在预算编制(如第十二条:岁入岁出预算草案编制程序中"提请各该级人民政府审查,中央级由政务院审查"),还是预算下达(如第十五条:"政务院于每年11月底以前,将核定之下年度国家总预算,分别通知,逐级下达"),抑或是预算执行(如第二十五条:"各级财政岁入,遇有短收情势,应由各该级财政机关筹拟抵补办法,或紧缩开支,提出追加追减岁入岁出预算,层报中央财政部核呈政务院核定")等。二是计划性极强。从编制环节看,完全根据国民经济建设计划来编制预算;从执行环节看,为了配合和确保经济计划的实施和达成,甚至可以突破预算"硬约束"。从而体现出预算依附于或从属于经济发展计划的特点,预算理应是国家治理和宏观调控的重要手段,但当时的预算只是被动地适应经济发展,无法体现和发挥出预算对于经济社会发展治理的积极和主动作用。三是直接分配和管理企业预算。为了能够从多年内外战中迅速恢复经济社会发展,国家急于建立由政府直接经营管理的国有经济部门,因此,对企业预算的分配和管理也进行了较为严格的规定,如《条例》第六条规定:"各级企业主管部门,应将所属企业机构之预算拨款、预算缴款部分,报经同级财政机关分别列入各该级总预算、总决算。"

上述特点实际上也是当时经济社会发展实际情况以及财政制度的产物。当时的财政体制特点可以概括为"统一领导、分级负责"和"收支挂钩、留用抵支",其主要目的都是要保障中央的财力,在此基础上适当给予地方在中央总额控制范围内的部分机动权。因此,预算制度便充分体现了中央之于地方、政府之于企业的"强势"特点。虽然后来预算制度历经多次改革,但当时预算制度的很多特点对我国预算制度的变迁和沿革仍产生着深远的影响。

(2) 1953—1957 年:分级预算管理体制的开端。随着国内外军事环境的稳定,新中国将工作重心放在经济建设中来,并选择了工业化尤其是重工业优先发展的战略道路。继续高度集中的财政管理体制无法有效调动地方和企事业单位的积极性,显然无法适应形势要求,因此,这一时期对高度集中的预算制度进行了相应调整,以适应经济发展的需要。

这一时期预算制度调整的多项内容都是围绕如何调动多方积极性进行经济建设,包括:一是确立三级预算体制,适当向地方下放权限。为了推动地方经济建设工作,预算制度开始降低中央集权程度,适当下放预算管理权限,将新中国成立初期设立的中央、大行政区和省(市)的高度集中统一的三级体制,改变为中央、省(市)、县(市)三级预算体制,同时,开始建立基层市县及民族自治地区的财政制度。二是分级管理的预算收支。在预算收入方面,实行分类分成,将国家预算收入分为固定收入、固定比例分成收入和调剂收入三类,其中,地方固定收入和固定比例分成收入,使地方政府有了自己的固定收入和机动收入来源,有利于调动地方政府的积极性,也有利于地方经济建设的开展。三是更加注重地方和企业积极性的发挥。按照 1956 年毛泽东在《论十大关系》中提出的"改进中央和地方的财政管理体制""更多地发挥地方和单位的积极性",以及"兼顾国家、生产单位和个人三方面的利益,使企业在统一领导下有更多机动性"的精神,预算制度相应作了以下调整:一方面,1958 年开始实行"以收定支,五年不变"的办法,即中央核定地方收入分成的项目和比例,且 3 年或 5 年不变,区别于以往 1 年一定收支的做法,地方政府在这个收支范围内,可以根据收入安排支出,结余可以自行安排或结转下年继续使用,从而使地方具有了相对长时间内的财政自主权;另一方面,1958 年在国家与企业关系方面实行了利润分成的办法,以调动企业积极性。四是提出预算管理制度"归口管理"和"包干使用"等六条方针。"预算归口管理"即按照收入和支出业务归属部门(如农林水、科教文卫等)进行管理;"包干使用"概括而言是指超支不补、结余留用,也充分体现了向地方下放权力的政策导向;此外,还包括结余不上缴;严格控制人员编制以防扩大财政支出;新增开支首先应自己调剂解决,中央动用总预备费追加预算的,需要经中央批准;强化财政监督、严格财政纪律。"一五"期间中央地方收入分类分成情况如表 4-2 所示。

表 4-2　　　　　"一五"期间中央地方收入分类分成情况

分　类	内　容
中央固定收入	关税、盐税、烟酒专卖收入、中央管理的企业和事业收入、其他收入
地方固定收入	印花税、利息税、屠宰税、牲畜交易税、城市房地产税、文化娱乐税、车船使用牌照税,以及地方管理的企业和事业收入、其他收入
固定比例分成收入	农(牧)业税、工商业营业税、工商所得税
中央调剂收入	商品流通税、货物税

可以看出,这一时期的预算制度具有以下特点:一是通过向地方放权,初步确立了分级管理的预算体制,这也是这一时期发展经济、调动多方积极性的必然要求;二是逐步明确预算管理制度中的权与责,一方面发挥激励作用,另一方面也增强制度约束性;三是预算的计划性仍然很强,预算制度的作用仍然主要是配合计划经济发展目标。

(3) 1958—1960 年:"大跃进"带来的预算制度混乱。在忽视经济发展客观规律的"浮夸风""共产风""大干快上"导向下,预算制度受到了严重冲击,突出表现在以下几个方面:一是过分强调发挥地方和人民群众积极性,加速向地方放权,包括对原中央所属企事业单位下放地方,同时下放企事业单位财务管理权限,从而导致中央收入剧减、中央收支矛盾骤增。二是预算管理的制度基础受到冲击,预算制度应发挥的约束作用几近失效。例如，1958年废止了六项工业会计制度，导致一些地方"无账会计""口袋会计"现象较多，导致预算和财务管理秩序混乱；1958年废除了财政监察制度，预算的约束功能大大减弱，资金浪费严重。

混乱的预算制度和虚假浮夸风气给财政管理和财政形势带来了极大影响。据统计，虽然账面上1958—1960年3年的财政结余为3.97亿元，[①]但实际上财政亏空资金高达370亿元。[②] 后来不得不压缩现有经济建设规模和银行信贷规模，通过动用财政历年结余、人民银行自有资金、部队交回的历年经费结余、向银行透支，以及中央财政集中的1960年和1961年冻结存款及其他资金等方式，来解决亏空的财政资金。

（4）1960—1966年：适应国民经济调整的预算制度调整。随着国民经济进入"调整、巩固、充实、提高"阶段，预算制度也进行了相应调整。调整的主要导向是，回归预算的适度集中统一、强化预算的规范约束管理。主要内容包括：一是适当回收下放到地方的不当权力。1961年发布《关于改进财政体制，加强财政管理的报告》，以及《关于调整管理体制的若干规定》，在收入方面，重新将部分重点企事业单位收入划归为中央固定收入，并相应缩小了地方财权；在支出方面，规定基本建设由中央专案拨款，加强了对此的管理和控制。由此中央回收了部分财权。二是强化预算管理。一方面，要求各级预算必须秉持"收支平衡、略有结余"的方针，不许赤字；另一方面，采取"纳入预算、减少数额、加强管理"的方式加强对预算外资金的管理。三是加强企业财务管理。首先是降低了企业利润留成比例，从平均13.2%调减到约6.9%，且要求企业必须将绝大部分留成资金用于企业技术组织措施、新产品试制、劳动安全保护和零星固定资产购置；其次是要求企业加强成本管理，明确规定了企业的成本开支范围和标准。四是调整

① 项怀诚主编：《中国财政50年》，中国财政经济出版社1999年版。
② 谢旭人主编：《中国财政60年》（上卷），经济科学出版社2009年版。

财政支出结构。突出表现在适当压缩基本建设投资规模、调整工业生产内部结构、调整农业农村政策以提高农民生产积极性、发展商业和市场等。经过一段时间的调整,到 1962 年年底,国民经济出现了明显向好的发展态势。

(5)1966—1976 年:预算制度在动乱时局中的艰难挣扎。"文革"10 年使国家正常经济和社会秩序遭到严重破坏,财政和预算制度也频繁调整,甚至名存实亡。与国民经济的艰难情境类似,预算制度也历经了 10 年的困苦挣扎。这一阶段预算制度主要特点包括:一是频繁调整。由于 10 年期间国民经济正常秩序遭到严重干扰和破坏,财政收入波动很大,因此财政及预算制度也不得不频繁调整:"文革"前期实行的是"收支挂钩、总额分成"的办法,地方就有一定自主财权;1968 年生产停滞、收入下降,为了维持地方正常开支,暂停"收支挂钩、总额分成",改为收入全部上缴中央、支出全部由中央拨付的办法;1969 年经济稍微稳定,又恢复了"收支挂钩、总额分成";1970 年经济形势进一步好转,中央适当下放了管理权限,实行"定收定支、总额分成";1971 年中央将大部分企业下放由地方负责管理,预算相应实行"定收定支,收支包干,保证上交(或差额补贴),结余留用,一年一定";1972 年对包干体制进行了部分调整,"中央对各省、市、自治区仍继续实行包干办法,但各省、市、自治区对地、市、县不宜层层包干,可以采取收入分成办法或者其他办法"[①];1974 年实行的是中央按照各省、市、自治区地方预算收入指标总额来确定固定比例,使地方具有了较为稳定的收入;但由于 1974 年的预算制度无法实现收支互动关系,因此无法鼓励地方增收节支和平衡预算,所以在 1976 年又恢复了"收支挂钩,总额分成,一年一定"的制度,同时,适当扩大地方收支范围和管理权限,并保留了 1974 年规定的给予地方的收入固定比例。二是过度简化。突出体现在税制上。

---

① 娄冰:《中国预算制度:变迁轨迹和改革路径》,中国社会科学院研究生院 2013 年博士论文。

1972 年的《中华人民共和国工商税条例（草案）》对工商税种进行了大幅度地合并和简化：工商统一税及其附加等 5 种税收及 1 项附加被归并为 1 项工商税，同时，税目减少了 59 个，税率减少到 16 个。① 三是形同虚设。特殊时期，许多财政及其预算制度无法得以正常实行，甚至形同虚设。例如，1967 年和 1968 年，我国没有预算和决算报告，"简化了 80% 以上的财政报表，基本建设项目的概算、预算、成本计算和竣工决算，以及拨款原则都被废除，财经纪律松弛，胡乱上项目，随意截留国家财政收入的混乱局面相当严重"。② "文革"后期我国加强了财经纪律整顿，改进信贷管理体制、适当集中财政资金、上收资金管理权限、贯彻执行税法税率、严格企业成本核算和开支范围等，对恢复正常的财经秩序和国民经济发挥了重要作用。

2. 1978—1993 年：预算制度在经济建设中恢复和重建

这一时期，思想路线上拨乱反正、工作重点转移到经济建设、实行改革开放，财政制度成为改革的突破口，预算制度也在摸索中不断恢复、重建和完善。相应的，这一阶段财政和预算制度的特点主要可以概括为：逐步改变以往高度集中的预算管理制度，实行"放权让利"，以激励地方和企业经济建设和生产的积极性，提高资源配置效率。

具体改革内容主要包括以下四点。

（1）逐渐下放预算管理权限。这一阶段的财政体制体现了明显的"放权"趋势。1980 年以前，多地对如何提高财政体制效率进行了探索，包括"增收分成，收支挂钩""收支挂钩，超收分成""固定比例包干"等，以提高地方积极性；1980 年以后实行了"分灶吃饭"的财政体制；1983 年对"分灶吃饭"体制进行了局部调整，如将中央财政向地方财政借款，改为调减地方支

---

①② 娄冰：《中国预算制度：变迁轨迹和改革路径》，中国社会科学院研究生院 2013 年博士论文。

出包干基数,或减少补助数额,从而缓解中央财政困难、增强预算制度的激励和约束机制;1985年实行"分级包干"的财政体制,以做到权责结合,进一步调动中央和地方"两个积极性";1988年出台了《关于地方实行财政包干办法的决定》,规定除广州和西安财政关系仍分别与省联系外,对全国其他37个省、自治区、直辖市和计划单列市分别实行不同形式的包干办法;1992年开始实行分税制改革试点。总体而言,财政体制改革的趋势是放权让利和提高财政效率。

（2）为适应经济形势发展需要更新预算管理制度。在1951年《预算决算暂行条例》实行40年之后,为加强国家预算管理,强化国家预算的分配、调控和监督职能,促进经济和社会的稳定发展,1991年国务院发布了《国家预算管理条例》,对预算制度进行了全面规定:明确了"统一领导、分级管理、权责结合"的原则;变以往三级预算制度为中央、省（自治区、直辖市）、设区的市（自治州）、县（自治县、不设区的市、市辖区、旗）、乡（民族乡、镇）五级预算,区分了中央预算和地方预算;规定国家预算制度应该按照复式预算来编制;规定预算应做到"收支平衡",规定:"各级预算收入的编制,应当坚持积极可靠、稳定增长的原则;按照规定必须列入预算的收入,不得隐瞒、虚列,不得将上年的一次性收入作为编制预算收入的依据;各级预算支出的编制,应当坚持量入为出、确保重点、统筹兼顾、留有后备的原则;在保证经常性支出合理需要的前提下,安排建设性支出;各级政府预算应按本级政府预算支出额的1％～4％设置预备费,用于解决当年预算执行中难以预料的特殊开支;各级政府预算应当设置一定数额的预算周转金。"

（3）加强预算外资金管理。上述放权让利的财税改革导致预算外资金规模迅速扩大,直接影响了宏观调控,也干扰了信贷平衡,加强预算外资金管理成为必然。1983年2月,财政部颁发的《预算外资金管理试行办法》,要求:"对未经国务院、财政部批准,由各地自行设定的预算外资金项目,进行一次性清理整顿,同时加强预算外资金收支计划管理,管好、用好预算外资金,特别是控制预算外资金用于基本建设。"同时,国家还对预算外资金征收基金,以弥补预算内财力的不足;征收国家预算调节基金,将部分预算外资金转化为国家预算收入;1986 年发布《关于加强预算外资金管理的通知》,要求"切实加强预算外资金管理,搞好社会财力综合平衡,更好地发挥其在国民经济建设中的作用";1993 年,规定预算外资金不含国有企业和主管部门收入,实现了预算外资金范围的合理界定,推进了预算外资金的规范管理。

(4)预算管理从预算平衡发展为更注重综合平衡,债务管理制度初步形成。起初,预算制度更为重视的是预算平衡和控制赤字,认为财政运行的理想状态是财政收支平衡并略有结余,这在《国家预算管理条例》中也有体现,即规定"经常性预算不列赤字""中央建设性预算的部分资金,可通过举借国内和国外债务的方式筹措,但借债应当有合理的规模和结构""地方建设性预算按照收支平衡的原则编制"等。但随着经济的发展,财政赤字成为不可避免的客观现象,对预算平衡必须重新客观认识,进而认为预算管理更为重要的是,实现财政、信贷、物资、外汇的综合平衡。实现了综合平衡,就有利于国民经济的稳定和发展。因此,债务管理制度也在实践中逐步形成,财政部按照债务预算制定年度债务发行计划,将国债发行额度控制在此期间国债到期还本付息的额度内。

3. 1994—1999 年:适应市场经济发展的预算体制改革

中国共产党第十四次全国代表大会提出"建立社会主义市场经济体制",1998 年将财政改革目标明确为构建公共财政制度。因此,与之相适应,从1994 年开始,中国预算制度建设也开始步入法治化、规范化、公共化的进程。

(1)1994 年《中华人民共和国预算法》(以下简称《预算法》)颁布,预算制度法治化。《预算法》的颁布,使预算制度建设及预算管理由行政法规上升到法律高度,从预算管理职权、预算收支范围、预算编制、审查和批准、执行、调整、决算、监督等多个方面进行了法律规定,并规定各级政府预算应按照复式预算来编制,1995 年的《预算法实施条例》更是进一步将复式预算分为政府公共预算、国有资产经营预算、社会保障预算和其他预算。《预算法》的实施有力地增强了对各级政府预算及财政收支行为的监督、管理和约束,为规范预算管理、推进依法理财、加强宏观调控和促进经济社会发展,发挥了重要作用。

　　(2) 注重政府收入安排和管理。这一阶段的预算制度改革实际上始于收入管理改革,因为改革开放以来的放权让利在一定程度上也造成了"两个比重"①过低的财政困境,因此,这一时期,首先进行了税制改革。一方面,按照"统一税收、公平税负、简化税制、合理分权、理顺分配关系和保证财政收入"的指导思想对税种、税制进行了调整,并按照"存量不动、增量调整,逐步提高中央的宏观调控能力,建立合理的财政分配机制"的原则,实行了影响深远的分税制改革,建立了以增值税、消费税和营业税为主的间接税体系,至此,与市场经济相适应的税制基本形成。因此,此时的预算制度的重要内容便是政府收入的安排和规范。

　　(3) 支出注重体现公共财政要求。为适应公共财政制度建设,按照公共财政框架体系的目标和要求,开始调整预算支出结构,更加注重预算在保障人民群众生活密切相关事项上的收入分配功能的发挥。对比 1978 年和 1999 年的支出结构:1978 年基本建设支出占支出的 40%,经济建设支出占总支出的 64%,相应的用于科教文卫和一般公共服务等典型公共产品和服务的合计支出仅占 3 成多。② 1999 年,"社会保障支出 360 亿元,比上年增长 1.1 倍,其中用于确保国有企业下岗职工基本生活费补助和确保企业离退休人员养老金发放的支出 257 亿元,比上年增长 1.7 倍。教育经费占

---

① 即财政收入占 GDP 比重和中央财政收入占全国财政总收入比重。
② 楼继伟:《中国政府间财政关系再思考》,中国财政经济出版社 2013 年版,第 5 页。

本级财政支出的比重比上年又提高 1 个百分点,实际支出 127 亿元。如果考虑中央部分高校下划地方等因素,按同口径比较,比上年增长 23%;建立科技发展基金,实施知识创新工程,增加对基础研究和重点科研项目的投入,实际支出 98 亿元,比上年增长 14.6%。加大扶贫力度,扶贫资金实际支出 91 亿元。"[①]

(4) 注重预算外资金管理,启动支出管理改革。财政收入稳定以后,预算支出管理便被提上日程。首先,1996 年颁布了《国务院关于加强预算外资金管理的决定》,规定禁止将预算资金转移到预算外,将部分预算外资金纳入财政预算管理,并要求预算外资金上缴财政专户实行收支两条线管理等。其次,从 1996 年起将养路费、车辆购置附加费、铁路建设基金、农村教育事业附加费等 13 项规模较大的政府性基金纳入财政预算管理,财政部发布了《政府性基金预算管理办法》,用来规范政府性基金管理。还颁布了《预算外资金管理实施办法》,对预算外资金范围进行了重新界定,判断的首要标准就是看资金是否与政府职能的履行或代行有关。此外,还对预算支出管理提出了一些要求,如要求严格执行《预算法》,及时批复预算;要求增加预算的透明度;要求细化预算编制等。

可以说,这一时期,适应社会主义市场经济建设的预算体制在稳步推进。

4. 2000—2013 年:预算制度在多项改革中深入推进

经济的发展、社会的进步,对预算制度也提出了越来越多、越来越高的要求,同时,预算制度也越发在调节经济、稳定市场、规范行为等方面有主动作为。

(1) 实施部门预算改革。2000 年发布了《关于改进 2000 年中央预算编

---

① 摘自《关于 1999 年中央和地方预算执行情况及 2000 年中央和地方预算草案的报告》。

制的意见》,开始实施部门预算改革。较之以往预算的变化主要在于:一是将一个部门所有收入和支出按照统一的形式在一本预算中予以体现,即"一个部门一本预算";二是将部门支出划分为基本支出和项目支出,分别采用不同的预算管理方式,而且部门预算涵盖的范围不断扩大,包含了财政拨款结转和结余资金、政府采购预算、新增资产配置预算等;三是预算编制时间提前,使预算编制的时间得以从以往的 4 个月延长到 10 个月,从而有利于预算编制更为科学、充分、合理;四是改变了以往预算"自上而下"的编制方式,而是先由基层预算单位编制,再逐级汇总,从而有利于预算更切合实际。

　　(2) 深化收支两条线管理。收支两条线是指政府需将取得的非税收入与所发生的支出脱钩,其中,收入上缴国库或财政专户,支出则由财政根据各单位履行职能的需要按标准核定的一种资金管理模式。这项改革始于1993 年,起初仅针对行政性收费和罚没收入,1996 年将预算外资金也纳入"收支两条线"管理范围之内。2001 年年底,国务院再次深化收支两条线管理,要求"收缴分离、收支脱钩",主要内容包括三点[1]:一是要将各部门的预算外收入全部纳入财政专户管理,有条件的纳入预算管理,任何部门不得"坐收""坐支";二是部门预算要全面反映部门及所属单位预算内外资金收支状况,提高各部门支出的透明度。同时,财政部门要合理核定支出标准,并按标准足额供给经费;三是要根据新的情况,修订、完善有关法规和规章制度,使"收支两条线"管理工作法制化、制度化和规范化。

　　(3) 实施国库集中收付改革。为了规范和严格预算执行,确保资金使用的安全和规范,财政设立国库单一账户,所有财政收支集中在国库单一账户运作:收入直接缴入国库,支出则由财政直接支付或授权预算单位支付给收款人,由此财政支付专户和预算单位账户每日清算后都是零余额账

---

　　① 国务院办公厅转发财政部《关于深化收支两条线改革,进一步加强财政管理的意见》,国办发〔2001〕93 号。

户,财政资金的日常结余都在国库单一账户中。截至 2011 年年底,改革取得显著成效:所有中央部门及所属 13 600 多个基层预算单位实施了改革,超过 38 万个基层预算单位进行了改革,改革的资金范围也由一般预算资金扩大到政府性基金、国有资本经营预算资金等。[①]

（4）政府采购制度改革。为了节约财政资金、提高财政资金使用效率、规范政府开支行为以及保护民族产业,1999 年财政部颁布了《政府采购管理暂行办法》,2003 年开始实施《中华人民共和国政府采购法》,并不断规范政府采购制度。政府采购是指采用公开招标、投标等方式来选择供应商,从国内外市场上为政府部门或所属团体购买商品、服务或工程的一种制度。目前,我国政府采购制度日益完善,纳入政府采购的资金规模越来越大,资金节约的效果凸显,政府采购在引导结构、倡导绿色消费、振兴民族产业等方面的作用也逐步显现出来,更是有力地从源头上遏制了腐败,产生了良好的经济效益和社会效益。

（5）实施政府收支分类改革。为了更全面、规范、明细、集中和直观地反映政府的收入和支出,2006 年财政部实施了政府收支分类改革。其主要内容包括:一是确立新的政府收入分类,以反映政府收入的来源和性质;二是确立新的政府支出功能分类,以反映政府各项职能活动和财政支出情况;三是确立新的支出经济分类,以反映各项支出的经济性质和具体用途。与以往政府收支体系的"体系不合理、内容不完整、分类不科学、反映不明细"等弊端相比,改革之后的政府收支分类具有以下特点:在收入方面,范围更大、层次更清晰;在支出方面,按照政府职能活动来设置财政支出分类科目,能够更为清晰地反映政府履行的主要职能,从而更好地反映每项支出的经济性质。

---

① 娄冰:《中国预算制度:变迁轨迹和改革路径》,中国社会科学院研究生院 2013 年博士论文。

（6）进一步完善复式预算体系。除公共预算外，还着手编制政府性基金预算、国有资本经营预算和社会保险基金预算，政府复式预算体系得以进一步完善。

一是政府性基金预算。随着各类政府性基金规模的不断扩大，1996年财政部就着手将在预算外管理的基金纳入预算管理，并先后颁布了多项加强政府性基金管理的通知和规定。2010年9月10日，为了进一步加强政府性基金管理，财政部颁布了《政府性基金管理暂行办法》，要求政府性基金收支纳入政府性基金预算管理，并对预算管理作了全面规定。

二是国有资本经营预算。国有资本经营收益和支出，是政府收支的重要组成部分。国有资本经营预算是国家以所有者身份对国有资本实行存量调整和增量分配而发生的各项收支预算，是政府预算的重要组成部分。我国早在2003年就开始提出"国有资本经营预算"的说法，此后多次推进该项制度。例如：2005年，《中共中央关于制定国民经济和社会发展第十一个五年规划的建议》中提出"加快建立国有资本经营预算制度"；2007年，《国务院关于试行国有资本经营预算的意见》规定，"中央本级国有资本经营预算从2008年起试行"；2008年，《中华人民共和国企业国有资产法》要求，"国家建立健全国有资本经营预算制度，对取得的国有资本收入及其支出实行预算管理"，按此规定，国家从国家出资企业取得的利润、国有资产转让收入、清算收入和其他国有资本收入，以及取得上述收入的支出，都应当编制国有资本经营预算；2010年，中央国有资本经营预算首次提交全国人民代表大会审议；《关于2009年中央和地方预算执行情况与2010年中央和地方预算草案的审查结果报告》提出，"2011年地方试编国有资本经营预算"；2012年，首次汇总编制地方国有资本经营预算并上报全国人民代表大会（以下简称"全国人大"），全国16个省、自治区、直辖市的124个地市开展了国有资本经营预算工作。

三是社会保险基金预算。社会保险基金预算用于反映各项社会保险基金年度收支计划。为对各项社会保险基金收支活动进行统一安排、合理规划,实现基金收支平衡,以及确保各项社保基金安全使用,2010 年,国务院决定试行社会保险基金预算。其中,社会保险基金预算收入包括单位缴纳的社会保险费收入、职工个人缴纳的社会保险费收入、基金利息收入、财政补贴收入、转移收入、上级补助收入、下级上解收入和其他收入;社会保险基金支出包括社会保险待遇支出、转移支出、补助下级支出、上解上级支出和其他支出。社会保险基金预算目前有四种编制方式:一是将社会保险基金收支纳入政府的经常性预算;二是将社会保险基金收支纳入政府专项预算;三是将社会保险基金收支独立于政府预算之外而由社会保险经办机构单独管理;四是单独编制社会保险基金预算。

2013 年,财政部首次向全国人大报告政府公共预算、政府性基金预算、国有资本经营预算和社会保险基金预算四本预算,至此,政府预算基本覆盖了所有政府性收支,在形式上实现了预算的完整性。

(7)加强对预算的绩效管理。随着预算制度的不断完善,对预算的绩效要求越来越高,并将绩效目标作为预算管理的重要内容。中国共产党第十六届中央委员会第三次会议中提出了"建立预算绩效评价体系"的要求;2005 年,财政部制定了《中央部门预算支出绩效考评管理办法(试行)》,并首先在财政部确定试点的中央部门实施;2009 年,财政部预算司成立专门负责预算绩效管理工作的预算绩效管理处;2011 年,财政部重新修订了《财政支出绩效评价管理暂行办法》;2011 年,国务院成立了负责指导和推动政府绩效管理工作的政府绩效管理工作部际联席会议,力求逐步建立"预算编制有目标、预算执行有监控、预算完成有评价、评价结果有反馈、反馈结果有应用"的预算绩效管理机制;2011 年 7 月,财政部颁布了《关于推进预算绩效管理的指导意见》,对预算绩效目标管理、绩效运行跟踪监控管理、绩效评价实施管理和绩效评价结果反馈与应用管理作了详细规定和部署。提高预算的绩效成为未来预算制度改革的重要目标和主线。

三、新《预算法》的出台和实施

2014 年 8 月 31 日,全国人民代表大会常务委员会通过了关于修改《中华人民共和国预算法》的决定。新《预算法》比较好地总结了 20 年来的实践经验和创新,在立法宗旨和调整范围、预决算原则方面取得了重大突破,在全口径预决算、地方政府债务、转移支付、预算公开方面进行了诸多创新,在预决算编制、审查和批准、执行和调整、监督和法律责任方面也有许多完善。[①]

1. 明确立法宗旨和调整范围

新《预算法》第一条规定:"为了规范政府收支行为,强化预算约束,加强对预算的管理和监督,建立健全全面规范、公开透明的预算制度,保障经济社会的健康发展,根据宪法,制定本法。"一是确立预算法的本质。新《预算法》将"强化预算分配和监督职能"修改为"规范政府收支行为,强化预算约束",将"健全国家对预算的管理"修改为"加强对预算的管理和监督",从过去的政府管理法转变为规范政府法、管理政府法,从过去"帮助政府管钱袋子"转变为"规范政府钱袋子",政府从管理监督的主体转变为被管理、被监督的对象。这是一个重大的变化。二是确立现代公共财政理念。新《预算法》删除了"加强国家宏观调控"的规定,在财政功能上明确预算法的定位,处理好政府与市场的关系,财政的作用不"越位"、不"缺位"。三是法定预算改革目标。新《预算法》增加了"建立健全全面规范、公开透明的预算制度"的规定,增强预算完整性、透明度。四是拓展预算法调整范围。新

---

① 尹中卿:《新预算法的十大亮点》,《中国人大杂志》2014 年第 23 期。

《预算法》第二条增加规定:"预算、决算的编制、审查、批准、监督,以及预算的执行和调整,依照本法规定执行。"

2. 确立预算原则

新《预算法》确定了统筹兼顾、勤俭节约、量力而行、讲求绩效和收支平衡的原则。一是统筹兼顾。新《预算法》第三十七条规定,各级一般公共预算支出的编制,应当统筹兼顾,在保证基本公共服务合理需要的前提下,优先安排国家确定的重点支出。二是勤俭节约。新《预算法》删除原法"厉行节约""勤俭建国"规定,统一为"勤俭节约"原则。在预算编制环节,第三十五条增加规定,各级预算支出的编制,应当贯彻勤俭节约的原则,严格控制各部门、各单位的机关运行经费和楼、堂、馆、所等基本建设支出。在预算执行环节,第五十七条增加规定,各级政府、各部门、各单位"不得虚假列支"。三是量力而行。根据中共十八届三中全会决定关于重点支出一般不同财政收支增幅挂钩的要求,新《预算法》删除了预算审查和执行中涉及法定支出的规定,同时强调在统筹兼顾的原则下优先安排国家确定的重点支出。四是讲求绩效。新《预算法》第四十九条将"提高预算绩效"列入预算草案及预算执行情况审查结果报告的内容。第五十七条补充规定,各级政府、各部门、各单位应当对预算支出情况开展绩效评价。五是收支平衡。新《预算法》第三十五条补充规定,地方各级预算按照量入为出、收支平衡的原则编制。

3. 政府预算体系

建立全口径四本预算,预算体系更加完善。具体体现在三个方面:政府的全部收入和支出都应当纳入预算;预算包括一般公共预算、政府性基金预算、国有资本经营预算、社会保险基金预算;对四本预算功能定位、编制原则及相互关系作出规范,四本预算相互衔接。

4. 健全公开透明预算制度

新《预算法》对预算公开作了详细、具体的规定，不仅明确了公开的时限，也明确了公开的主体，还明确了公开的具体要求：一是除涉及国家秘密的事项外，经本级人民代表大会或其常委会批准，预算、预算调整、决算、预算执行情况的报告及报表，应当在批准后 20 日内由政府财政部门向社会公开，并对本级政府财政转移支付的安排、执行情况，以及举借债务的情况等重要事项作出说明。二是各部门预算、决算及报表应当在本级政府财政部门批复后 20 日内由各部门向社会公开，并对其中的机关运行经费的安排、使用情况等重要事项作出说明。

5. 改进预算控制方式

审核预算的重点由平衡状态、赤字规模向支出预算和政策方面拓展，各级人民代表大会预算审查的重点主要有三个内容：一是预算安排是否符合国民经济和社会发展的方针政策，收支政策是否可行；二是重点支出和重大投资项目的预算安排是否适当；三是对下级政府的转移性支出预算是否规范、适当。为确保收入预算从约束性转向预期性，新《预算法》对各级预算收入的编制作了两大要求：一是应当与经济和社会发展水平相适应，与财政政策相衔接；二是各级政府不得向预算收入征收部门和单位下达收入指标。

6. 建立跨年度预算平衡机制

各级政府应当建立跨年度预算平衡机制，以适应经济形势发展变化和财政宏观调控的需要。新《预算法》规定：一是各级政府一般公共预算按照国务院的规定可以设置预算稳定调节基金，用于弥补以后年度预算资金的不足；二是各级政府一般公共预算年度执行中有超收收入的，只能用于冲减赤字或者补充预算稳定调节基金；三是省级一般公共预算年度执行中，如果出现短收,通过调入预算稳定调节基金、减少支出等方式仍不能实现收支平衡的,经本级人民代表大会或者其常委会批准,可以增列赤字,报财政部备案,并应当在下一年度预算中予以弥补。

7. 规范地方政府债务管理

为规范地方政府债务管理,按照疏堵结合和"开前门、堵后门、筑围墙"的改革思路,新《预算法》增加了允许地方政府举借债务的规定,同时从五个方面作出限制性规定:一是限制主体,经国务院批准的省级政府可以举借债务;二是限制用途,举借债务只能用于公益性资本支出,不得用于经常性支出;三是限制规模,举借债务的规模,由国务院报全国人大或者全国人大常委会批准,省级政府在国务院下达的限额内举借的债务,列入本级预算调整方案,报本级人大常委会批准;四是限制方式,举借债务只能采取发行地方政府债券的方式,不得采取其他方式筹措,除法律另有规定外,不得为任何单位和个人的债务以任何方式提供担保;五是控制风险,举借债务应当有偿还计划和稳定的偿还资金来源,国务院建立地方政府债务风险评估和预警机制、应急处置机制以及责任追究制度。

8. 完善转移支付制度

为进一步规范和完善转移支付制度,新《预算法》作了五个方面的具体规定:一是财政转移支付应当规范、公平、公开,以均衡地区间基本财力,由下级政府统筹安排使用的一般性转移支付为主体;二是建立健全专项转移支付定期评估和退出机制;三是市场竞争机制能够有效调节的事项不得设立专项转移支付;四是除按照国务院规定应当由上下级政府共同承担的事项外,上级政府在安排专项转移支付时不得要求下级政府承担配套资金;五是上级政府应当提前下达转移支付预计数,地方各级政府应当将上级提前下达的预计数编入本级预算。

9. 硬化预算支出约束

针对现实中存在的奢侈、浪费问题,为贯彻党中央关于厉行节约、反对浪费的要求,推动建设廉洁政府,新《预算法》确定了统筹兼顾、勤俭节约、量力而行、讲求绩效和收支平衡的五大原则,并作出了具体规定。一是各级预算支出的编制,应当贯彻勤俭节约的原则,严格控制各部门、各单位的机关运行经费和楼、堂、馆、所等基本建设支出;二是对各级政府、各部门、各单位在预算之外或者超预算标准建设楼、堂、馆、所的,责令改正,并对负有直接责任的主管人员和其他直接责任人员给予撤职、开除处分。现代预算管理的灵魂,是硬化预算对政府支出的约束,而硬化预算支出约束的关键在于不能随意开财政收支的口子。为此,新《预算法》规定:一是在预算执行中,各级政府一般不制定新的增加财政收入或者支出的政策和措施,也不制定减少财政收入的政策和措施;二是必须作出并需要进行预算调整的,应当在预算调整方案中作出安排。新《预算法》与原《预算法》的比较如表 4-3 所示。

表 4-3 　　　　　　　新《预算法》与原《预算法》的比较

	原《预算法》	新《预算法》
宗旨	强化预算的分配和监督职能,健全国家对预算的管理,加强国家宏观调控,保障经济和社会的健康发展	规范政府收支行为,强化预算约束,加强对预算的管理和监督,建立、健全全面规范、公开透明的预算制度,保障经济社会的健康发展
预算编制	中央预算和地方各级政府预算,应当考虑上一年预算执行情况和本年度收支预测进行编制	各部门、各单位应当按照国务院财政部门制定的政府收支分类科目、预算支出标准和要求,以及绩效目标管理等预算编制规定,根据其依法履行职能和事业发展的需要,以及存量资产情况,编制本部门、本单位预算草案

（续表）

	原《预算法》	新《预算法》
关于地方发债	除法律和国务院另有规定外,地方政府不得发行地方政府债券	经国务院批准的省、自治区、直辖市的预算中必需的建设投资的部分资金,可以在国务院确定的限额内,通过发行地方政府债券举借债务的方式筹集
关于建立全口径预算	无	预算由预算收入和预算支出组成,政府的全部收入和支出都应当纳入预算
关于完善财政转移支付制度	无	国家实行财政转移支付制度。财政转移支付应当规范、公平、公开,以此推进地区间基本公共服务均等化为主要目标
强化预算审查监督	无	全国人民代表大会财政经济委员会对中央预算草案初步方案及上一年预算执行情况、中央预算调整初步方案和中央决算草案进行初步审查,提出初步审查意见 全国人民代表大会和地方各级人民代表大会对预算草案及其报告、预算执行情况的报告重点内容进行审查
增强代表与人民联系	无	县、自治县、不设区的市、市辖区、乡、民族乡、镇的人民代表大会举行会议审查预算草案前,应当采取多种形式,组织本级人民代表大会代表,听取选民和社会各界的意见

　　特别的,新《预算法》对预算绩效管理提出了新的要求。在编制预算时,要把预算评价的结果作为一个因素来考虑;审核预算的时候,必须要有编制预算时的项目绩效目标;审核决算的时候,需要审查项目的绩效评价,并且明确了在预算编制、审核的不同时期的要求。要建立法治国家,作为从事预算编制、预算执行、决算管理工作的财政部门和预算单位,就要承担和执行法律赋予的职责。

第五章

现代预算制度的他山之石

发达国家预算制度是建立在成熟的市场经济基础之上的。在运作机制上都具有超强的法律属性和较为突出的公共属性,运作方式公开、透明。这些国家的预算制度在处理公平与效率关系上有一些好的做法。这些国家的预算制度特征反映了现代预算制度发展的基本趋势,对建立我国现代预算制度具有很好的借鉴作用。

一、美国现代预算制度:"进步时代"的启示

1. 美国"进步时代"概述

美国"进步时代"是一个被我国学术界重点学习和借鉴的一个时期,因为美国许多涉及财政、司法、经济、政治、人权等重要的制度和法律都是在这一时期出现的,而且在这个时期美国成功地解决了存在多年的相关问题,并奠定了美国成为世界超级大国的重要基础。"进步时代"通常是指"镀金时代"之后至20世纪20年代的一段时期,但从"镀金时代"至"进步时代"并没有严格的分界线,通常史学家们把1880—1920年称为"进步时代"。

介绍美国"进步时代"之前,先简要介绍美国的"镀金时代"。美国的

"镀金时代"是指从南北战争结束至 19 世纪末、20 世纪初的时期。南北战争为美国资本主义发展扫清了障碍,加上到美国西部"淘金"的移民不断涌入,极大地推动了美国的工业化进程和经济发展。这一阶段,美国政府奉行的是自由放任的社会经济政策,表现在政府"无为而治",让社会经济内各主体、各因素充分竞争、优胜劣汰,最突出的是在对待大公司的发展上,通过赠与土地、实施保护性关税、制定宽松的公司法以及简便易行的税收政策等方式,鼓励公司设立和发展,有效地调动了美国民众的创业积极性,使"公司"成为美国工商业的主要组织形式,使美国在这一时期积累了大量财富。但与此同时,社会经济的快速发展与政府"无为而治"的政策,也导致了经济社会领域的不良后果,如商业投机猖獗、政治腐败严重、金融内幕交易泛滥、工业垄断严重、假冒伪劣横行于世,而政府监管治理能力低下,甚至官商勾结等。

> 以财政制度为例,在收入方面,税种繁多,凡是想象得出的名目都可用来向民众征税;在支出方面,政府部门没有统一和详尽的预算,每一个政府部门自己争取资金,自己掌控开支,民众和议会都无法对政府及其各部门进行有效的监督,为贪赃枉法留下无数机会。①

正是在这种背景下,美国出台和实施了一系列规章制度和法律、法规,促成了"进步时代"。

"进步时代"是美国财政制度的成型期,从收入和支出两个方面对财政制度进行了"重塑"。② 一是引入所得税并成为税制结构的中坚力量。为了改变税种繁多、税负繁重、税制复杂,以及由此引发的社会不同阶层冲突、政府疲弱的再分配能力等情况,美国克服众多质疑和反对,引入个人所得税和公司所得税。所得税制的突出优点在于:首先是简单,用一个税种替

---

①② 王绍光:《美国进步时代的启示》,中国财政经济出版社 2002 年版。

代了一批杂七杂八的税种；其次是公平，所得税的最大特点就是依据经济能力征收和分配；再次是高产，所得税征收的收入比其他任何税种都多。事实上，后来的历史证明，所有发达国家都或早或晚地引入了所得税制，并在夯实经济基础、调节收入分配、促进社会公平等方面，发挥了重要的积极作用。二是在支出方面构建现代预算制度。通过构建统一、详尽、透明的预算制度，实现了将"看不见的政府"转变为"看得见的政府"，将"不负责任的政府"转变为"负责任的政府"。毫不夸张地说，预算制度改革对于缓解社会矛盾、遏制腐败、塑造强有力政府，发挥了至关重要的作用。预算改革的主要内容包括：预算应包含政府所有部门的所有开支，且详尽分类并说明开支的理由、区分缓急；预算应是政府支出的事先计划；预算应成为政府行为的有效约束；预算应接受议会批准和民众监督。自 1908 年纽约市出台了美国历史上第一份现代预算文件，到 1913 年，预算文件已经从 1908 年的 122 页增加到 836 页。到 1919 年，全美国已有 44 个州通过了预算法。1921 年颁布《预算和会计法案》。至此，美国现代预算制度框架业已建立。有效遏制了腐败的势头、提高了政府整体运作效率、造就了一个更加强有力的政府。

2. 美国现代预算制度

1）主要法律、法规及其精神

以下几部重要的法律、法规，基本塑造了美国现代预算制度的整体框架。

（1）1921 年的《预算和会计法案》被视为美国现代预算体系诞生的标志。在 1921 年之前，美国的预算体系是一种不为民众所知的、零碎的拨款方案，正所谓"各吹各的号，各跑各的调"，而且财政资金浪费极为严重。当时有美国参议员称："在 1909 年这个赤字年度，国会通过的拨款中至少有 5 000 万美元被浪费掉，约占全面财政支出总额 6.6 亿美元的 8%。"据此，

《预算和会计法案》提出了如下核心内容,以缓解这种现象:一是设立了国家预算局(Bureau of Budget),直接对总统负责,禁止各行政机构将其支出申请直接提交给国会,而必须经由总统向国会提交联邦预算。由此,各个行政机构都需要将预算申请提交总统后才能统一交由国会审议,从而强化了总统的权力,结束了政府内部各行政部门支离破碎的现状,极大地协调了各方行动,提高了行政部门的财政资金使用效率,标志着现代预算制度在国家层面的建立。二是设立了总审计署(GAO),原本由财政部行使的审计、会计等职能被转移到 GAO 这个独立的、带有准司法性质的机构,1921年的《预算和会计法案》一直都是 GAO 的基本法律。预算开始成为对政府及其官员实施的"非暴力的制度控制"。

(2) 1974 年的《国会预算法案》和《扣押控制法案》,体现了总统与国会在预算权力上的博弈,从而进一步增强预算对政府行为约束和塑造民主政府的作用。1974 年的《国会预算法案》的核心内容是规定国会可以独立起草预算提案,在已有的收入委员会、拨款委员会基础上,又增加了预算委员会及预算分析机构,从而形成了国会预算办公室(Congressional Budget Office),使国会不仅可以表决预算,还可以提出预算提案,从而使预算不再是总统的专利,大大增强了国会在预算中的作用。《扣押控制法案》则是针对总统扣押国会已批准的资金,或行政部门取消、推迟国会已拨付资金的使用,从而导致国会既定的政策目标无法执行和实现的情况而出台的法案。该法案规定,如果总统想取消或推迟国会已拨付财政资金的使用,则必须向国会提交特别申请;如果总统想取消某项财政支出,则必须于 45 天内获得国会参众两院的批准;如果国会没有相反的意见,总统才可以推迟一项财政支出。

(3) 1993 年的《政府绩效和结果法案》(GPRA)确立了政府绩效管理的基本法律依据。该法案从法律高度确立了美国政府的绩效评价机制,成为美国政府绩效管理的基本法律依据,更是标志着国会对行政部门的监督开始转到"绩效"和"结果"。

　　概括来说,该法案通过对战略规划、年度绩效计划、年度绩效报告、管理责任等内容的明确规定,强调联邦政府应精明地使用资源并实现项目目标,要求政府部门制订计划并自行考核计划的实施情况,根据考核情况作出下一步是否拨款的决定,并把绩效情况通报国会和向公众公开。①

2) 美国预算编制方法演变

从总体上来看,美国预算编制的演变,呈现出越来越详尽、越来越突出效率、越来越重视通过预算来提高政府治理水平的特点。

（1）分项排列预算。随着美国内战后国内公共事务的日益繁杂,政府职能范围日益扩大,迫切需要将有限的资金用在"刀刃"上,因此,客观上要求确定预算支出的优先序,并采取分项的方法依次列出特定目标的预算资金,再由拨款机构拨付,此为分项排列预算。

（2）绩效预算。第一届胡佛委员会（1947—1949 年）开始倡导绩效预算模式,即"基于政府职能、业务与项目所编的公共预算……绩效预算注重一般性质与重大工作的执行或服务的提供,而非着眼于人员、劳务、用品、设备等实物的取得"。也就是说,绩效预算将侧重考察政府支出所取得的成效以及花费的成本,以此为重点增强对政府预算的监督。

（3）规划—计划—预算模式。到了 20 世纪 60 年代,为了进一步增强政府预算执行效果,1961 年,美国国防部首推规划—计划—预算模式,这实际上是一种"方案导向型"的预算方式,强调预算与政府部门的长期计划的协调一致,并利用成本收益分析方法进行分析评估。此后,1965 年,这一模式被推广至所有的政府部门。

---

① 王熙:《美国预算制度变迁及其对中国的启示》,《中央财经大学学报》2010 年第 2 期。

（4）零基预算。以往预算编制是在上一年度的预算基数基础上按一定比例递增而形成的。零基预算打破了以往那种编制方式和模式，而是重新根据每个部门的工作任务和工作量进行全面审核，进而确定每一部门的预算。零基预算在卡特时期在全国得以全面推广。

（5）新绩效预算。1993 年颁布的《政府绩效和结果法案》将政府绩效管理制度以立法形式固定下来，被称为"新绩效预算改革"。该法案的主要内容包括：要求每个政府机构必须制定 6 年的战略计划，且每隔 3 年进行相应调整。战略计划主要包括综合性的使命陈述、总目标和分目标、如何落实目标的说明、关于绩效目标与前述总目标及分目标相关性的对应说明、对关键因素的陈述等。年度绩效计划，包括绩效目标、绩效指标、测量绩效的方法、为达到绩效目标拟采取的工作程序、技巧技术、人力资源、信息等。年度绩效报告，包括实际绩效成绩与绩效指标的对比、对绩效成绩是否达到指标的理由说明、对已完成的项目评估的概述等。与以往的绩效预算相比，新绩效预算的突出特点在于：不仅致力于提高效率，更注重对公共部门进行绩效评价、更加注重对预算的精细化评估、将预算作为改进政府绩效的重要手段、不仅注重产出（Output）更注重效果（Outcome）。新绩效预算在克林顿时期"再造政府"运动中得以大范围推广，甚至成为欧美各主要发达国家的主流公共预算管理模式。

（6）绩效预算改革的新进展。以奥巴马政府为例，总体来说，这一阶段的绩效预算改革特点主要是强调"以机构为中心"的目标设定和测量。2009 年设立"白宫绩效长"（兼任预算局副局长），并提出了具体的绩效行动方案：一是评估"美国复苏与再投资法案"的绩效影响；二是确定削减预算的项目清单；三是要求机构设立"高度优先性目标"。这里，我们以美国社会保障部（SSA）2011 年的高度优先性目标为例进行说明，如表 5-1 所示。

表 5-1　　美国社会保障部(SSA)2011 年的高度优先性绩效目标

总 目 标	分 目 标
提高在线申请数	退休金在线填报总申请率达到 44%
	残疾补助初次申请总在线填报率达到 44%
向残疾补助申请人提供更多决议	办理 431.6 万初次残疾申请中的 331.7 万件
	将初次残疾补助申请转入快速残疾决策或补充津贴的比率提高到 6.5%
	办理 145.6 万听证申请中的 79.9 万件
改善 SSA 在电话、办事处和在线方面的顾客服务	将国内 800 电话平均接通速度提高到 264 秒
	将国内 800 电话占线率从 8% 降为 7%
	将 SSA 生意伙伴评价在"好"以上的比率从 2009 年的 81% 提高到 83.5%
各种项目整合努力确保社保诸项目的有效管理	办理大约 200 万医疗持续性残疾评议中的 359 800 件,比 2010 年提高 9.4%
	办理 242.2 万补充保障收入非残疾重审案件

3) 美国现代预算制度的主要特点

美国现代预算制度具有完整健全的组织机构、国会具有强大的预算监督职能、严格的审批程序等,除此以外,美国现代预算制度还具有以下突出特点。

(1) 具有健全的预算法律体系。首先,美国预算制度的演进均是在宪法框架下进行的,都体现了宪法"分权制衡原则"与"主权在民原则";其次,预算制度有一套健全和严谨的法律体系支撑,除宪法以外,还有 1921 年《预算与会计法案》、1974 年《国会预算法案》和《扣押控制法案》、1985 年《平衡预算和赤字紧急控制法案》、1993 年《政府绩效及结果法案》等。通过这些法律,美国建立了一套体系比较完整、职责比较明确、依据比较充分的预算监督系统。

(2) 非常重视预算的绩效。美国预算制度重视预算支出的成本和收益比较,致力于提高各部门资源配置效率,降低财政资金使用成本,提高财政资金支出效率。通过对预算的绩效评价,达到提高公共部门绩效的目的。从胡佛政府开始,一直到 20 世纪 60 年代的"规划、项目计划和预算运动"、70 年代"目标管理"及"零基预算"等,提高绩效一直是预算制度改进的关键内容,并成为提高公共部门行政效率以及民众对政府部门监督的重要手段。

（3）完整、详细。美国预算程序极为严谨,预算编制极为细致、完整。一个预算从编制到审批、执行、决算汇总和审计的整个周期,长达 33 个月,而其中编制和审批就长达 18 个月。再从预算详细程度来看,以 2014 年美国政府预算为例,长达 2 000 多页,其中,预算分析书 508 页、附录1 381页、历史图表 376 页。

（4）公开、透明。美国政府预算除了少数涉及国家机密的部分不予公开以外,其余一律依法全文网上公开,即便是国防部、外交部、国家安全机构的预算也不例外,真正做到了"看得见的政府"。

3. 绩效在美国现代预算中的作用

绩效是贯穿美国现代预算制度建立和发展全过程的关键要素,在推进经济发展、改善行政效率、提升治理能力等方面都发挥了重要作用。

（1）有效遏制赤字并提高了财政支出效率。实际上美国对预算绩效进行考察,一个重要背景之一就是财政赤字严重,特别是里根政府时期由于国防开支增加、大幅减税,导致财政赤字达到一个前所未有的经济衰退、高赤字、高负债、高利率的状态。因此,美国急需通过加强预算的绩效评价,提高财政资金支出效率,削减预算赤字。美国的预算制度建设和绩效预算改革,有效地遏制了财政赤字的规模,提高了财政资金支出效率。

（2）有效增强预算监督作用并提高公共部门行动效率。通过预算,对财政支出项目以及具体行政部门进行绩效评价和考核,使项目和具体行政部门的行为和成效有了评价和考核的标准,并以此作为下一财政年度财政拨款的依据,公共部门的收支行为也被以一定的标准来客观衡量,从而对公共部门的行为形成了极强的制约和监督作用,并极大地提高了公共部门行为效率。

（3）有效提高政府治理能力。很长一段时间以来,政府规模越来越大、效率越来越低,备受民众诟病。随着"新公共管理运动"的兴起,提高公共行政的经济性、效率性和有效性就成为社会关注的热点之一。因此,从胡佛政府的绩效预算改革开始,到后来的规划—项目—预算、零基预算、新绩效预算等预算改革,都致力于提高政府治理能力,并且强调事项的优先排序以及成本收益对比,使预算不仅成为一种提升政府行动效率的技术改革,更是成为一种重塑美国政府治理结构的政治改革,意义重大。

二、其他国家现代预算制度

很多国家在提高预算绩效、建立现代预算方面积累了很多好的做法和经验,值得我们学习和借鉴。

1. 新加坡预算改革历程及绩效预算制度

新加坡预算改革历经了线性预算、项目预算、整体拨款预算、面向结果的预算和深化绩效预算管理。

1978 年以前:线性预算（Line Budgeting）。新加坡实行的是线性预算制度,之所以称为"线性",突出表现在编制预算是自上而下的,预算权力高度集中在中央,强调收入而对支出进行严格限制,预算支出单位几乎没有任何自主权。

1978—1989 年:项目预算（Program Budgeting）。项目预算侧重于资源配置体系,要在预算选择和竞争性政策之间进行权衡。对每个项目来说,灵活性更大了,但缺少中长期的规划。项目预算也选择自下而上的编制方法,但前提是财政部能够找到相应的资金。有人认为项目预算也是以绩效为基础的预算,这里的关键是如何定义项目的目标,是基于产出还是基于结果。①

1989—1996 年:整体拨款预算(Block Vote Budgeting)。这种预算较之以往的突出变化在于改变了"自上而下"的编制方法,而根据 GDP 的固定比率对总预算设定上限,并清晰划定各部门预算的重点领域,而且允许项目间的资金转移。这就极大地赋予了部门应对的灵活性。但是,这仍然是一种强调投入,而非面向产出的预算方式。

1996—2000 年:面向结果的预算(Budgeting for Results)。这种预算模式瞄准了产出,并设计了多种激励机制。当然,衡量各部门绩效的指标经过了一个不断完善的过程。这种面向结果的预算模式极大地提高了政府支出的效率,但仍然具有无法确保预算支出结果的良好的可持续性。

2000 年至今:深化绩效预算管理。2000 年以来,新加坡不断深化绩效预算制度,逐渐形成了具有新加坡特色的预算制度,新加坡的预算制度体现出重视资源管理的突出特点,利用资源会计、资源预算和经济价值管理等工具,强调结果、原则、政策、过程、监测和评估。

新加坡绩效预算制度的主要做法和突出特点包括以下几个方面:②

(1)"硬预算"制度。2000 年,新加坡引入了"硬预算"做法。新加坡政府和每个政府部门都有一个 5 年期的支出封顶(Spending Ceilings)。在确定这个 5 年期的支出封顶之前,财政部会对之前几年的历史支出模式进行分析,对今后几年(通常是中期)的支出情况进行预测,并与各行业部门进行充分的讨论。各部门的预算限额表现为占 GDP 的比例(并且这个比例在 5 年内是固定的),不是一个绝对数额。所以,部门预算限额由 GDP 的水平决定。但是,在预算限额内,各部门有很大的自主权。比如,在一个 5 年周期内,如果一个部门当年的预算超过了预算限额,它可以"借用"未来年份的预算额度(不超过当年支出预算的 10%),当然未来年份的预算额度

---

① ② 《新加坡绩效预算管理情况》,财政部网站。

就要相应减少；如果当年预算的支出没有用完，可以放在未来年份继续使用，而不会被财政部收回。部门自主权还表现在，在预算限额内，部门可以自由地用于各项支出。

（2）再投资基金。2004年，新加坡引入再投资基金制度，其目的是为新的动议措施提供资金。随着时间的变化，会出现新的需求，政府的优先重点也会改变，此时预算就要进行重新分配，但这在"硬预算"制度下是个很大的挑战。为了增加预算再分配的灵活性，财政部从每个政府部门的预算限额中划出一定比例，集中起来形成中央再投资基金。这个比例与国家生产力的增长率挂钩，因此也称为"生产红利"。各个部门都可以向再投资基金提出项目申请，然后由财政部进行审批，以决定是否支持。部门获得的再投资资金属于一次性的预算资金，不影响部门的支出限额。

（3）预算中引入"全成本"概念。准确计量政府计划的成本以便为决策提供有关资源使用效率方面的信息，是新加坡预算的关键原则。1999年，新加坡引入权责发生制会计方法。2000年，引入了净经济价值（NEV）方法。权责发生制会计的引入大大提高了对非现金成本的关注，并促使各政府部门更多地在全成本基础上进行决策。

（4）绩效信息在预算过程中的使用。新加坡在预算过程中广泛地使用了绩效和结果信息，但其目的并不是要直接将资金分配与绩效和结果指标联系起来，而只是向资源分配决策提供这些信息。实际上，财政部承认"硬预算"做法显然削弱了资金分配与绩效之间的联系。财政部并不将具体的绩效和结果指标"强加"给各行业部门。它的作用是开发出合理的框架，用于行业部门设定自己合适的指标。绩效与结果信息也是财政部和行业部门预算会议的一部分内容。这种做法是基于各行业部门在使用预算时应该在其绩效和结果方面有自主性。必须注意的是，绩效和结果信息主要在部门内部使用。2006年，新一届新加坡政府制定了政府综合战略图，包括政府愿景和战略结果。战略结果又被分解成政府运作结果，由不同政府部门来完成。各部门在编制年度预算时,都要制定自己的预期结果和相应的关键绩效指标(KPI)。关键绩效指标要与政府综合战略相关,否则就会"偏离"正确的方向,其预算也不会被批准。但是,每个指标的年度目标值由各个部门自己设定,财政部不加干预。关键绩效指标的设定要遵循以下原则:①对关键绩效指标每年都要进行审查以确保与国家战略的相关性;②关键绩效指标个数要适量以保持其清晰性和针对性;③要制定长期的目标,以便能够促使部门考虑长远;④每3~5年要对关键绩效指标进行分析以便发现其发展趋势,比如失业率的趋势。

(5)绩效评价。绩效评价是新加坡绩效预算的重要部分。先由各部门利用财政部开发的部门报告卡进行部门绩效自我评价,并将报告卡提交给财政部。财政部绩效与组织司在部门报告卡的基础上,对政府整体绩效进行评价。部门报告卡是财政部开发的用于部门绩效自评价的工具。它包括五个部分。第一部分讨论过去1年取得的绩效与成果以及业务重点。第二部分是关键绩效指标。只能使用基于成效的指标,并且指标不能超过10个。要描述该指标的年度目标以及完成情况。各部门还要制定指标的下一年度的目标和一个5年目标。第三部分总结部门的资源管理,包括当年预算的支出比例和部门净经济价值的变化。第四部分讨论部门未来5年的关键战略和措施。第五部分总结部门的卓越表现和创新。

2. 加拿大联邦财政机构和预算程序①

加拿大联邦财政部作为一个宏观经济管理部门,主要负责制定并协调各项经济政策,在政府决策和预算编制过程中发挥主要作用。在经济事务方面,负责向政府提出国民经济运行分析和预测报告,国际经济、金融形势分析和对策建议,制定金融政策;在财政事务方面,负责编制联邦政府预

---

① 《加拿大政府预算管理》,财政部网站。

算,税收政策立法和关税政策,管理联邦政府债务,管理联邦政府对省和地区的转移支付,代表联邦政府定期向议会报告预算执行情况。

加拿大联邦政府财政部内设 9 个职能司:经济和财政政策司、经济发展和法人财务司、联邦—地方关系和社会政策司、金融部门政策司、国际贸易和财务司、税收政策司、国有企业服务司、咨询和通信司以及法规司。以上各司都向常务副部长办公室负责。

参与联邦预算制定的有三个方面的人员和机构:一是主要的参与者,包括总理、财政部长、内阁和内阁政策委员会以及特别委员会。二是一些重要的参与机构,包括财政部、枢密院办公室和国库委员会秘书处。其中枢密院办公室的职责是管理内阁日常事务、政府部门间协调、向总理和内阁提出建议以及对内阁的决定进行记录等;国库委员会秘书处的职责是监督各部门现有项目支出、建立运行制度、协调部门对议会的报告、管理内阁国库委员会等;三是咨询机构,包括议会财政委员会及其他机构。

加拿大联邦政府预算编制过程中,枢密院会同财政部向总理提出预算战略要点建议,财政部最终制定预算,国库委员会协助进行预算编制并具体执行。加拿大财政年度是每年的 4 月 1 日至次年的 3 月 31 日。具体预算决策过程如下所述。

(1)3~6月:提出初步预算建议。每年3月开始编制下一年预算。预算建立在对国民经济进行审慎预测的基础上,财政部依据本部门和咨询机构对下一年的经济增长率、通货膨胀率、利率、就业率等进行的分析预测,分析影响财政收入和支出的因素,提出新的收支政策和预算建议,并由国库委员会秘书处通知联邦各部门。根据财政部提出的预算建议,各部门制定本部门的预算计划,该计划为 3 年滚动计划,内容包括本部门的战略重点、优先项目、支出预算、项目风险及业绩考评指标等。部门提出的预算计划分别报送财政部和国库委员会秘书处,由国库委员会秘书处进行初步审查。3~8月,财政部还要对经济增长和财政收支作进一步的预测。

（2）8～9月：内阁对政府优先进行的重点工作进行审议。财政部长在内阁会议上提出财政经济预测结果及下一年预算要点，与各部门负责人就预算安排进行具体磋商，在此基础上对部门初步的预算进行修改，形成经内阁磋商后的预算框架。

（3）10～12月：进入预算咨询过程。10月，众议院财政委员会举行听证会，财政部长介绍预算要点，阐述当前及下一年的经济形势及其与政府预算目标的关系。听证会后，该委员会提出预算咨询报告，但不进行表决。

（4）12次年1月：内阁对预算计划进行审议。财政部负责将议会磋商形成的预算建议反馈给内阁作进一步审议。

（5）1～2月：对预算进行最后的决策。财政部长与总理根据内阁讨论结果和众议院财政委员会报告，确定最终的预算案。2月财政部长代表政府向议会提交预算案，5月众议院财政委员会向众议院全体会议提交预算审查报告，并在议会讨论通过。

3. 日本的预算制度①

总体来看，日本的预算制度具有中央集权与地方自治相结合的特点。日本预算包括预算总则、收支预算、递延支出（多年度支出）、跨年度支出（允许结转下年的支出）以及负债许可等内容。预算总则除概括说明与财政收支有关的事项外，还需说明公债发行的最高限度、临时借款的最高限度及其他与预算执行有关的事项。这些规定构成了预算的基本框架。收入支出预算是预算的主要组成部分。收入部分表明了国民总收入的估计数，但这个数额并不意味着政府将征集到如此多的收入。

支出部分则不同，在预算中列示的支出才可以支出，大概的支出数是

---

① 崔惠玉、郑亚敏：《日本预算管理体制的借鉴与思考》，《领导之友》2003年第6期。

根据每一类支出的上限决定的。递延支出是指政府需在几个年度分期支付才能完成的项目，一般最多为 5 年。这些支出一般是正在建设、正在生产或其他的一些项目支出。递延支出项目需提前经国会批准，国会具体规定了支出的总额度和每年支出的额度。跨年度支出是指国会允许一部分支出转入下一财政年度使用的预算支出。这一制度是针对预算支出中由于多种原因使支出项目在当前财政年度内没有支付完毕的情况而设立的，跨年度支出必须经过国会的批准。负债许可制度允许政府承担在既定财政年度内必须承担的债务，以使一些项目的全部或一部分支出递延到以后财政年度。政府承担这项债务必须得到国会的批准。同时，政府必须在每年的支出预算中划拨出当年实际的费用。

4. 俄罗斯的国家预算制度[①]

俄罗斯预算制度的建立和发展，历经了多次波折。1991 年，中央失去财政控制权，预算只有支出，而收入却没有保障。当时，以俄罗斯、乌克兰等为首的苏联几个主要加盟共和国带头宣布所有财政收入归共和国所有，酌情向联盟（中央）预算上拨一部分。因此，中央预算的收入根本无从落实，更谈不上足额、及时。收入需要向地方"乞讨"，中央预算成为"空中楼阁"。1991 年的联盟预算没有得到最高苏维埃批准并且一直未能公布。

随着俄罗斯民主宪政制度的基本确立和市场经济体制的基本形成，在财政领域实施了"结果导向的中期预算"，其实质就是在长期预测的总额控制内，根据未来社会经济发展的优先方向，在预算资金管理者间或直接在各级预算间分配预算资金，完成公共支出管理由"管理支出"向"管理结果"模式的过渡。

---

① 　傅志华、刘微：《透视俄罗斯百年财政中的五次"预算困境"》，《俄罗斯中亚东欧研究》，2009年 8 月 6 日。童伟：《俄罗斯预算制度改革评析》，《俄罗斯中亚东欧市场》2008 年第 2 期。

俄罗斯联邦中期预算的内容极为丰富,不仅包含对未来数年间财政收支状况、国内外宏观政治经济形势的分析和预测,还包括针对国家政策优先方向协调财政政策措施的制定和实施。根据俄罗斯联邦预算改革构想的要求,俄罗斯中期预算不仅要明确预测未来 3 年间预算收入和预算支出的规模与构成,以及由整个经济能力发展所决定的抵偿各种支出的可能性,而且要测算出各年度的经济增长率、失业率、物价水平及消费、投资、进出口等一些重要的经济社会发展指标,以作为测算政府财政收支的依据和运筹私人投资与消费决策的参考。

2006 年对于俄罗斯预算制度改革来说具有划时代的意义。在这 1 年,俄罗斯第一次编制了中期预算,俄罗斯联邦年度预算第一次成为它的一部分;从这 1 年起,俄罗斯预算编制首次以国家战略方针、政策目标和优先发展方向为基础,联邦预算支出首次同政府政策目标结合在一起;也是从这 1 年开始,不论是联邦政府,还是其他地方政府,在编制预算时都必须明确列示出各自的发展目标、可计量的预期成果,并确保预算政策的连续性、可预见性、透明性和公开性。所有这一切表明,俄罗斯的预算管理已进入了一个新的历史时期,实现了质的飞跃。

三、借鉴与启示

1. 以法律为核心构建现代预算制度的基本框架

综观国外预算制度改革的做法和经验,大多是建立在坚实的法律基础上的。中共十八届四中全会对全面推进依法治国作出了顶层设计和总体部署,依法理财是依法治国的重要组成部分。为此,我们要充分发挥财政职能作用,为"建设中国社会主义法治体系,建设社会主义法治国家"作出积极贡献。我国的现代预算制度建设也必须在《中华人民共和国宪法》（以下简称"《宪法》"）的框架下，以《宪法》为原则展开，并在新《预算法》精神和规定的界定下，进一步完善构建现代预算制度的法律框架，在此基础上，借鉴国外预算制度建设的经验做法，并提高社会民众对政府预算制度及其改革的参与程度，形成上下互动和监督的机制。我们要按照科学立法、民主立法的要求，扎实推进预算制度立法工作。我们要贯彻落实好新《预算法》，建立全面规范、公开透明的现代预算制度，强化预算约束，加强预算执行管理。

2. 预算制度改革应在风险控制中渐进推进

国外的预算制度建设不是一步到位的，都历经了一个不断改进和完善的历程。我国还处于社会主义市场经济不断完善的过程中，还面临着经济、社会、政治等制度的逐步改进，如果不注意预算制度建设中的风险控制，将有可能对经济社会的平稳发展产生负面影响。毋庸置疑，现代预算制度建设将提高政府公共资源配置效率、增强民众对政府行政能力的信心和支持、形成政府与社会民众的良好互动，对于推进社会主义市场经济建设具有十分重要的作用和意义。但同时也要充分认识到，现代预算制度的建设和完善，需要相关法律、行政管理制度、经济制度等配套条件的支撑。以现代预算制度十分重要的"预算公开"为例，我国当前的《政府信息公开条例》并没有详细界定政府预算公开的程度，新《预算法》对预算公开也还缺乏具体、详细的规定，因此，当前一步到位地构建现代预算制度，在某些领域或方面尚缺乏明确的法律界定，也使预算制度改革工作面临一定的法律风险。我国要在法律制度、行政管理制度、经济制度等配套条件的不断建设和完善的过程中，同步渐进推进预算制度改革。

3. 从"控制为主"到"追求绩效"是各国预算制度的普遍规律

国外预算制度变迁过程普遍体现出从"控制为主"到"追求绩效"的变

迁过程。这为我们构建现代预算制度指明了方向。对绩效的追求,有利于提高政府的收支行为及资源配置效率,有利于形成社会和民众对政府的监督和约束,有利于更好地发挥预算制度的经济调控能力。因此,我们在推进现代预算制度建设和完善的过程中,应着力强化对预算绩效的建设和要求。例如,应改革政府会计核算方式、引入权责发生制,探索政府绩效指标体系的制定,加强控制型的分项排列预算,逐步尝试引入先进的预算管理方式等。

此外,国外现代预算制度中体现出来的充分的预算民主原则、法治原则、节约原则、绩效原则,对我国构建现代预算制度也有很好的启示,应进一步加强我国预算制度中的民主、法治、节约和绩效建设。

第六章

构建完整的预算体系

现代财政制度的一个基本前提是全口径预算,政府收支全部纳入预算管理,全面反映政府收支总量、结构和管理活动。我们要明确一般公共预算、政府性基金预算、国有资本经营预算、社会保险基金预算这"四本预算"的收支范围和功能定位,加大统筹力度。[1]

一、建立现代预算制度要解决预算体系的完整性问题

1. 预算体系的内涵

体系是指若干有关事物或某些意识相互联系的系统而构成的一个有特定功能的有机整体[2],泛指一定范围内或同类的事物按照一定的秩序和内部联系组合而成的整体,是不同系统组成的系统。自然界的体系遵循自然的法则,而人类社会的体系则要复杂得多。影响这个体系的因素除人性的自然发展之外,还有人类社会对自身认识的发展。

---

[1] 本章部分内容是作者参与国家社科基金课题"政府预算体系改革研究"的研究成果,感谢赵福昌研究员的指导和建议。

[2] 《现代汉语词典(第5版)》,商务印书馆 2005 年版,第 1342 页。

政府预算体系则是政府预算按照一定的秩序或内部联系组合而成的整体。政府预算体系是对政府预算的内容、结构以及相互关系的一种规定和安排,它反映了政府活动的空间和政府在经济与社会中的调控能力。从理论和逻辑上分析,对政府预算体系可以从三个维度进行分析,即横向、纵向和时间维度。从横向上看,政府预算可以分为不同的组成部分,如一般公共预算、政府性基金预算、国有资本经营预算、社会保障预算等,它是从横向看政府预算的组成部分,目的是全面、完整地涵盖政府性资金(乃至资源);从纵向上看,政府预算又可以按照不同层级分为由政府各个层级组成的预算体系,在我国可以包括中央、省、市、县、乡等不同政府层级构成的预算体系,它是体现政府管理层级关系而构成的体系;从时间维度上看,可以将政府预算分为年度预算和中长期预算构成的预算体系,年度预算侧重预算支出的严肃性管理,而中长期预算则侧重财政的可持续性控制。另外,还有按照性别划分的预算体系。本章政府预算体系是指横向的预算体系,主要研究政府预算组成部分及其相互关系。

政府预算体系的内容是随着政府活动范围以及政府预算内容范围的变化而不断变化的。预算可以分为单式预算和复式预算。早期的政府预算,按照"夜警"政府或是最小政府的理念,政府活动主要是满足政府行政运转的需要,预算内容相对没有那么复杂,因此单式预算管理就够了。随着资本主义经济的发展,政府预算涉及的范围不断拓宽,收入和支出大量增加。进入 20 世纪,各主要资本主义国家先后进入垄断阶段,特别是1929—1933 年的大危机,客观上要求新的理论来解释经济危机、制定相应对策、解决失业问题,凯恩斯主义应运而生。凯恩斯主义的核心内容之一,就是扩大政府的职责,加强政府对经济活动的干预,推行赤字财政政策,以实现充分就业和经济增长的目标。随着财政政策的转换,单式预算制度逐渐地难以适应政府干预经济的要求,复式预算制度便得以产生和推行。复式预算兴起于 20 世纪二三十年代,是在单式预算的基础上发展演变而来的,是预算一般类型中的一种,它是指在预算年度内将全部预算收支按经济性质归类,分别汇编成两个或两个以上的预算,以特定的预算收入来源保证特定的预算支出,并使两者具有相对稳定的对应关系。各级政府预算按照复式预算编制,分为政府公共预算、社会保障预算和其他预算等。它也是指国家财政收支计划通过两个以上的表格来反映的一种预算形式,它既能反映财政预算资金的流向和流量,又能全面反映资金性质和收支结构。

1927年,丹麦首创复式预算制度,此后不久复式预算制度风行。复式预算制度适应了市场经济的发展,以及由此要求的政府职责的扩大与财政、预算职责的变化。早期的市场经济,实行的是自由放任的政策,反对政府干预经济生活。当时奉行的是"夜警"国家观、廉价政府观与中性财政观,政府职责仅限于国防、行政、司法、公共设施与公共工程建设等方面,财政活动遵循预算平衡原则,很少举债。公众通过单式预算制度,就能够起到约束、监督和决定政府活动的作用。而随着大危机的结束和经济的复苏,在一些国家,市场与资本要求政府重新调整其职责,不能介入市场有效领域,减少对市场干预的程度,单式预算制度也就失去了其存在的外在经济条件而被部分或完全弃之不用。

西方国家的市场经济体制较为成熟,与之相应的复式预算制度可为我国相关改革所借鉴。但是,中西国情又存在着重大的差异,这又决定了我们在学习和借鉴西方的成功做法时,不能照搬照套,而应根据我国的改革实际对现行复式预算制度加以改造和创新:一是应该对现行复式预算制度进行改革。我国现行复式预算制度的改革目标,大体上是与1995年颁布的《预算法实施条例》中的规定相一致的,即"各级政府预算按照复式预算编制,分为政府公共预算、国有资产经营预算、社会保障预算和其他预算"。二是我国公共预算所包含的基本内容与西方国家通行的复式预算相似。西方现行的财政,是与市场经济相适应的公共财政模式,与之相应的政府预算模式也可称之为公共预算模式。公共预算模式可以按照单式预算编制,也可以按照复式预算编制。我国公共预算中所包含的经常性预算、资本性预算、社会保险预算等内容,与市场经济下西方的复式预算划分标准是基本一致的。三是将国有资本预算(或国有资产经营预算)与其他政府收支内容独立开来,区分了预算收支营利性与非营利性的内容。这样就将使我国新型的复式预算制度既异于其他国家,又遵循市场经济的要求与准则,从而成为政府预算制度改革的一项真正创新。

2. 我国现行政府预算体系构成

从预算体系看,目前我国政府预算由一般公共预算、政府性基金预算、国有资本经营预算和社会保险基金预算共同构成。

一般公共预算是指政府凭借国家政治权力,以社会管理者身份筹集以税收为主体的财政收入,用于保障和改善民生、维持国家行政职能正常运转、保障国家安全等方面的收支预算。2014 年全国一般公共预算收入140 349.74亿元,比 2013 年增长 8.6%。加上从中央预算稳定调节基金调入 1 000 亿元,使用的收入总量为 141 349.74 亿元。全国一般公共预算支出 151 661.54 亿元,比 2013 年增长 8.2%。加上补充中央和地方预算稳定调节基金及地方财政结转下年支出 2 195.2 亿元、地方政府债券还本支出993 亿元,支出总量为 154 849.74 亿元。收支总量相抵,赤字 13 500 亿元。2015 年,汇总中央和地方预算,全国一般公共预算收入 154 300 亿元,比2014 年增长 7.3%。加上从中央预算稳定调节基金调入 1 000 亿元,可安排的收入总量为 155 300 亿元。全国一般公共预算支出 171 500 亿元,比2014 年增长 10.6%。赤字 16 200 亿元,比 2014 年增加 2 700 亿元。[①]

政府性基金预算是国家通过向社会征收以及出让土地、发行彩票等方式取得收入,并专项用于支持特定基础设施建设和社会事业发展的财政收

---

① 财政部:《关于 2014 年中央和地方预算执行情况与 2015 年中央和地方预算草案的报告》。

支预算,是政府预算体系的重要组成部分。目前,我国纳入政府性基金预算管理的基金共 43 项。按收入来源划分,向社会征收的基金 31 项,包括铁路建设基金、民航基础设施建设基金、港口建设费、国家重大水利工程建设基金等。其他收入来源的基金 12 项,包括国有土地使用权出让收入、彩票公益金、政府住房基金等。按收入归属划分,属于中央收入的基金 9 项,属于地方收入的基金 20 项,属于中央与地方共享收入的基金 14 项。按支出用途划分,用于公路、铁路、民航、港口等建设的基金 9 项;用于水利建设的基金 4 项;用于城市维护建设的基金 8 项;用于教育、文化、体育等事业发展的基金 7 项;用于移民和社会保障的基金 5 项;用于生态环境建设的基金 5 项;用于其他方面的基金 5 项。2014 年全国政府性基金收入 54 093.38 亿元,全国政府性基金支出 51 387.75 亿元。中央政府性基金收入 4 097.51 亿元,为预算的 98.3%,比 2013 年下降 3.3%。加上 2013 年结转收入907.13 亿元,中央政府性基金收入总量为 5 004.64 亿元。中央政府性基金支出 4 319.54 亿元,完成预算的 86.8%,增长 3.4%。其中,中央本级支出 2 963.92 亿元,对地方转移支付 1 355.62 亿元。中央政府性基金结转下年支出 685.1 亿元。地方政府性基金本级收入 49 995.87 亿元,比 2013年增长 4.1%。其中,国有土地使用权出让收入 42 605.9 亿元。加上中央政府性基金对地方转移支付收入 1 355.62 亿元,地方政府性基金收入为51 351.49亿元。地方政府性基金支出 48 423.83 亿元,比 2013 年增长1.4%。其中,国有土地使用权出让收入安排的支出 41 202.45 亿元。2015年汇总中央和地方预算,全国政府性基金收入 48 873.38 亿元,比 2014 年下降 3.5%,加上上年结转收入 720.72 亿元,地方政府专项债券 1 000 亿元,全国政府性基金收入总量为 50 594.1 亿元;全国政府性基金支出50 594.1亿元,比 2014 年增长 4.1%。①

---

① 财政部:《关于 2014 年中央和地方预算执行情况与 2015 年中央和地方预算草案的报告》。

国有资本经营预算是指国家对取得的国有资本收入及其支出实行预算管理,是国家以投资者身份对国有资本实行存量调整和增量分配而发生的各项收支预算。国有资本经营预算支出按照当年预算收入规模安排,不列赤字。国有资本经营预算收入主要包括从国家出资企业取得的利润和国有资产转让收入,支出主要用于对重要企业补充资本金和解决一些困难企业的退出成本。2008年开始实施中央国有资本经营预算,试行范围为国务院国有资产监督管理委员会所监管企业和中国烟草总公司。2014年全国国有资本经营预算收入2 023.44亿元,全国国有资本经营预算支出1 999.95亿元。中央国有资本经营预算收入1 410.91亿元,为预算的98.9%,比2013年增长33.3%。加上2013年结转收入152.19亿元,收入总量为1 563.1亿元。中央国有资本经营预算支出1 419.12亿元,完成预算的89.9%,比2013年增长45.1%。其中,调入一般公共预算用于社会保障等民生支出184亿元,比2013年增长183.1%。中央国有资本经营预算结转下年支出143.98亿元。地方国有资本经营预算收入612.53亿元,地方国有资本经营预算支出580.83亿元。地方国有资本经营预算收大于支的部分结转下年使用。2015年汇总中央和地方预算,全国国有资本经营预算收入2 263.12亿元,加上上年结转收入143.98亿元,全国国有资本经营预算收入总量为2 407.1亿元,全国国有资本经营预算支出2 407.1亿元。①

社会保险基金预算是根据国家社会保险和预算管理法律、法规建立,反映各项社会保险基金收支的年度计划。2010年,为加强社会保险基金管理,规范社会保险基金收支行为,明确政府责任,促进经济社会协调发展,国务院决定试行社会保险基金预算。2014年全国社会保险基金收入39 186.46亿元,为预算的104%。其中,保险费收入29 104.1亿元,财政补贴收入8 446.35亿元。全国社会保险基金支出33 669.12亿元,完成预算

---

① 财政部:《关于2014年中央和地方预算执行情况与2015年中央和地方预算草案的报告》。

的103.3%。当年收支结余 5 517.34 亿元,年末滚存结余 50 408.76 亿元。2015 年全国社会保险基金收入 43 088.07 亿元,比 2014 年增长 10%。其中,保险费收入 31 633.39 亿元,财政补贴收入 9 741.75 亿元。全国社会保险基金支出 38 463.97 亿元,比 2014 年增长 14.2%。本年收支结余 4 624.1亿元,年末滚存结余 55 032.86 亿元。[①]

3. 现行政府预算体系与完整性要求还有距离

从预算范围是否完整上看,我国近年来财政实践的进步很大,特别是在政府公共预算部分,有了较为完善的制度依托。通过部门预算改革,建立比较完整的预算制度体系和科学规范的管理模式,基本实行综合预算,统一预算分配权,实现预算编制的统一性,并改变传统功能预算按经费的功能分类编制多本预算的做法,将一个部门所有的收入和支出都按照统一规定的编报程序、编报格式、编报内容和编报时间编制成一本预算,全面反映该部门或单位各项资金的来源、使用方向和具体使用内容,增强了部门预算的完整性和统一性。而且,随着我国非税收入改革的推进,政府预算完整性得到进一步加强。但也存在以下问题:一是政府债务覆盖不全。政府预算的债务预算没有单独分立,而且主要反映的是国债和主权债务,随着我国地方政府发债权的获得,要完整涵盖政府债务,迫切需要将地方政府的债务纳入预算,进行规范管理。二是统一性和功能衔接不够。如何对各项预算之间进行功能上的衔接,有待进一步研究。

全面深化改革对预算管理体系提出了更高的要求,加强预算体系之间的协调非常有必要。例如,基金预算应当相对独立,但有的地方土地出让金却成了一般预算收入的重要支撑;另外,社会保障资金预算管理弱化,导致资金缺口与支出低效、浪费同时并存,考虑到财政的兜底作用,将加剧老

---

① 财政部:《关于 2014 年中央和地方预算执行情况与 2015 年中央和地方预算草案的报告》。

龄化背景下社会保障给财政带来的风险,诸如此类的预算完整性和可持续发展的问题,都对推进我国的政府预算体系改革提出了紧迫的要求。强化政府预算体系改革,既保证政府性收支都能够被纳入政府预算的监督管理范围之内,提高资金使用效益;同时,又区别各个预算组成部分的特点、目标和管理要求,有针对性地加强相应的预算管理,争取既要实现财政预算完整性又努力促进财政的可持续发展,在当前具有重要意义。

二、国外复式预算体系比较

1. 美国的复式预算体系

为了配合"罗斯福新政"的需要,美国联邦政府从 1933 年 7 月 1 日起实行复式预算制度,把联邦预算分为"正常预算"和"非正常预算"两部分。其中,正常预算包括政府行政上的经常性收支,经费主要来源于税收;非正常预算又称紧急预算,收入来源于国债,支出主要用于公营事业、公共工程投资和耐久性资产的经营。对于正常预算,执行收缩和节省的方针,力求预算平衡;对于非正常预算,执行赤字政策,促进经济发展。1935 年,美国经济渡过了大萧条时期,开始进入复苏阶段。许多原先赞同"新政"的人,此时转而反对政府干预经济的做法。1935 年和 1936 年,美国最高法院宣布,许多重要的"新政"立法为违宪。第二次世界大战爆发后,"新政"告终,联邦政府也就放弃了复式预算制度。

目前美国联邦政府实行"统一预算"(Unified Budget,也译为"综合预算"),这种预算从形式上看,与单式预算无异,但是,其对财政支出却按经济性质进行了分类,据此,也可以认为美国联邦政府仍然实行某种程度的复式预算。美国联邦财政预算支出主要包括全权预算支出(Discretionary

Appropriations，又称"自主拨款"，它是指拨款法案中提供的预算资源（资助法定支出计划的除外）和法定支出（Mandatory Spending，又称"直接支出"或"强制性支出"，它是指除拨款法案之外的法律控制的支出以及食品券计划支出）两部分。

2. 日本的复式预算体系

日本实行复式预算制度，中央预算分为"一般会计预算""特别会计预算"和"政府关联机构预算"三大类。一般会计预算是管理中央政府的一般性财政收支，它以税收、国债收入等为来源，为中央政府的行政管理、社会保障、教育、公共投资等活动提供财力支持。在日本，通常情况下所讲的预算就是一般会计预算。

特别会计预算是分类管理型事业预算。它包括五大类：①事业特别会计预算。它是指经营特定事业的预算，如邮政事业特别会计预算、道路建设特别会计预算等。②管理特别会计预算。它是由1956年之前的贸易特别会计转化而来的，是指从事特定产品、业务管理或调节供求关系的特别预算，如粮食管理和外汇资金特别会计预算等。③保险特别会计预算。它是指管理政府社会保险业务的特别会计预算。④融资特别会计预算。它是指管理中央政府融资贷款的特别预算。⑤整理特别会计预算。它是指管理中央政府特殊资金的特别会计预算，如国债偿还基金特别会计预算等。

需要指出的是，上述日本特别会计预算采用的是《国家预算》（大藏省主计局财政调查会编辑）最初的分类方法。特别会计分类，不一定限于五类，依据各种标准，可有各种分类方法。例如，还可以将特别会计分为三类：①国家为兴办特定的事业。②国家为运用持有的特定资金。③国家经营的区别于一般岁入岁出的，以特定岁入充当特定岁出。政府关联机构预算是指各政府关联机构的财务预算。政府关联机构是指依据法律设立的、中央政府提供全部资本金的法人，是经营事业，尤其是融资性业务的机构，如日本进出口银行、日本开发银行和中小企业金融公库等。

3. 丹麦的复式预算体系

1927年,丹麦把政府预算按经济性质划分为"普遍预算"和"资本预算"两部分,从而创立了复式预算制度。然而,由于丹麦政府的投资范围较宽,同时经济政策的基础薄弱,造成了复式预算制度实施效果不佳,加之公共支出中的社会保障支出增长迅猛,债务收入不能保证用于投资。第二次世界大战后,丹麦又恢复到单式预算制度。

4. 法国的复式预算体系

法国的复式预算制度把政府预算分为"经常性业务"和"临时性业务"两部分。经常性业务又称固定项目。这类收支是无偿的,它由总预算、专项账户和附属预算组成。总预算收入包括:税收、罚款收入、互助基金、财产收入、财政性摊派收入、国有企业上缴利润、贷款偿还收入和其他收入等。总预算支出主要包括:债务支出、国家直接投资、国家给予提供贷款的补助金、国家机关人员的工资和购置费等。专项账户是指一些事业支出,如电视、森林、公路、旅游等方面的收支账户。附属预算是指向社会提供商品或劳务的国家机构可另立的一个账目。目前附属预算有八种:邮电、国家印刷、造币、农业社会补助、勋章会、航运和政府公报。临时性业务又称临时性项目。临时性项目收支是有偿的,其账户有六种:专项账户、贸易账户、贷款账户、预付款账户、货币业务账户和国外政府结算账户。

5. 比较与启示

丹麦的复式预算制度分为"普遍预算"和"资本预算",美国联邦政府的复式预算制度分为"正常预算"和"非正常预算",日本中央政府的复式预算制度分为"一般会计预算""特别会计预算"和"政府关联机构预算",法国的复式预算制度分为"经常性业务"和"临时性业务"。各国复式预算制度尽管形式各异,但异中有同:一是同为复式预算制度,其形式都是在经常预算与资本预算这一基本形式上加以变化,都是按支出经济性质的不同来划分的。二是各国的政府预算体系都与各自的公共行政体系相适应。例如,法国目前的公共行政机构分为中央公共行政机构、地方公共行政机构和社会保险机构。这三类公共行政机构分别安排各自的预算,形成中央预算(国家预算)、地方预算和国家社会预算。这三种预算分别反映各类行政机构的财政收支,构成了法国整个预算体系。三是各国复式预算的内容尽管随时间推移有所变化,但基本上属于公共财政活动范围。市场经济要求公共财政,政府活动要求凸显公共性。复式预算内容的变化,反映了市场经济及其相应的政府职责与公共财政的要求。

三、按照现代预算制度要求构建完整的预算体系①

我国的市场化取向改革偏重于追求经济方面的放权,相应的政治体制改革却相对滞后,以致形成了经济体制的分权化与政治体制相对集权的矛盾。地方财政体制改革涉及的一系列政治经济权力在各级政府间的分配正是分权与集权的矛盾,亟待强化改革。

1. 按照完整性的要求重构我国政府复式预算体系

改革政府预算体系,需要解决的一个前提是合理确定政府的职能边界,进而确定政府的收支范围和原则。从功能上看,预算是反映政府的年

---

① 赵福昌、李成威:《完整性——政府预算体系改革的方向》,《中国财经报》2014 年 10 月 24 日。

度收支计划,管理和控制政府公共财政收支的重要手段。因此,政府预算体系的设立,应该服从于政府公共收支的内容,也就是说,预算体系的设计,既要实现对政府收支内容的全面覆盖,又要有助于管理和控制政府收支,达到提高政府收支绩效的目的。预算体系既要考虑全面涵盖政府收入,又要考虑政府的财务可持续发展。从可持续性角度看,政府的债务收入应该从原来的一般公共财政预算中单列出来,并且将地方政府性债务逐步纳入预算管理,因为债务本身取决于政府发债的能力,包括显性债务和隐性债务收入,这成为目前影响代际公平的最为重要的因素。因此,为了更好地促进代际公平,确实有必要将债务收入预算单独出来。

2. 近期完善"两主两辅"预算体系

按照国家政府预算体系改革的进程和步骤逐步完善一般公共预算、政府性基金预算、国有资本经营预算和社会保障基金预算构成的"四本预算"体系,即一般公共预算和社会保障基金预算为主,政府性基金预算和国有资本经营预算为辅,将政府财政性资金全部纳入预算管理,探索地方政府性债务纳入预算管理,实现现阶段财政全口径预算管理,促进财政的健康、可持续发展。"四本预算"应有机衔接,相互之间可进行适当调剂,包括:从国有资本经营预算、政府性基金预算调剂资金用于经常性收支预算支出,支持统筹解决民生问题;从经常性收支预算、国有资本经营预算调剂资金用于社会保障支出,弥补社会保障支出缺口,或动用社会保障资金的储备;从经常性收支预算、国有资本经营预算、政府性基金预算调剂资金用于经常性收支预算债务还本付息。

3. 中长期建立债务预算,形成"两主三辅"体系

从中长期来看,可以结合社会保障基金预算,依次将政府隐性债务纳入考量范围,加大社会保障精算平衡力度。通过建立政府债务预算,将中

央政府的内外债务和地方政府性债务纳入预算管理,将原一般公共预算、政府性基金预算、国有资本经营预算和社会保障基金预算的"四本预算"体系,加上政府债务预算,最终形成以"一般公共预算、社会保障基金预算为主,政府性基金预算、国有资本经营预算和政府债务预算为辅"的"五大子预算"全口径政府预算体系。

政府债务是政府的一种特殊的社会资源,并通过财政分配来保证政府施政需要;政府债务也是政府的一种责任,通过相关的财经纪律和法规约束,使政府兼顾代际之间的责任,实现基本的平衡,实现社会的可持续发展。如果按现状,把政府债务置于财政预算之外,财政预算就不会完整,从而也就具有不真实性。此外,政府债务是以货币或其他经济资源偿还的各种负债,是政府机关、企事业单位或其他经济组织,以政府名义向国(境)内外承借或担保,政府负有直接或间接偿还责任的债务。目前,我国政府的各类债务规模较大,形成了较大的政府财政风险。如不及时加以控制,后患无穷。因此,把政府债务及时、科学地纳入政府财政预算,应成为政府当前研究的重要课题。

第七章

推动预算公开透明

美国人阿图·埃克斯坦曾说："如果你想了解联邦政府在过去的1年里都干了一些什么，或者在未来的1年里将要干些什么，那么，你只要看一下联邦公共财政预算就足够了。"可见，预算公开透明是打造"阳光政府"的关键，而阳光是最好的反腐剂。预算公开透明是构建现代财政制度的本质要求。推进预算公开透明，是保障公民的知情权、参与权和监督权的重要途径，也是提高政府部门依法理财、依法行政和反腐倡廉的重要举措。近年来，我国预算公开透明取得了积极进展和显著成效，但也存在一些问题，与公众期望还存在较大差距。我们需要认真分析总结，特别是其中制约预算公开透明的因素，同时借鉴国外和国际组织在预算公开透明方面的做法和经验，采取有效措施，进一步推动我国预算公开的进程。[①]

一、我国预算公开的现状

新中国成立以来，我国财政制度根据经济社会发展形势不断改进和完善，预算公开进程也不断得以推进，由新中国成立初期的"国家机密、不得

---

① 本章部分内容是作者参与财政部财政科学研究所课题"关于预算公开的若干问题研究"的研究成果，感谢苏明研究员、赵大全研究员和王志刚研究员的指导和建议。

公开",到后来的"部分向人大代表公开",再到"向社会公众公开"的变化。特别是近年来,我国在预算公开方面进行了积极的探索,主要体现在预算公开相关制度不断完备,预算公开内容逐渐详细,各地各部门积极探索和实践,为推进预算公开提供了不断完善的制度基础。

1. 预算公开的相关法规和制度不断完善

新中国成立初期,预算信息被视为国家机密,不得公开。1951 年颁布的《保守国家机密暂行条例》就规定:"国家财政计划和国家概算、预算、决算及各种财务机密事项是国家机密。"此后,1982 年《宪法》明确规定人民代表大会具有审查、批准预算和预算执行情况的报告的职权。1994 年颁布的《预算法》进一步明确了人大审批预算的职能,如提出"全国人民代表大会审查中央和地方预算草案及中央和地方预算执行情况的报告;批准中央预算和中央预算执行情况的报告;改变或者撤销全国人民代表大会常务委员会关于预算、决算的不适当的决议"。但也要看到,上述《宪法》和《预算法》并没有专门针对预算公开的相关规定。这一阶段可以说是预算基本不公开。

20 世纪末,随着我国民主政治的发展进步,政府行政管理改革也不断提速,1999 年发布的"关于加强中央预算审查监督的决定",要求编制部门预算,并细化预算,我国预算公开进程步入了向人大代表公开的阶段,但是公开要受到严格管理,如在起初的人民代表大会上,部门预算和预算相关资料都被注明"秘密,会后收回"的字样,而且所有预算资料都在代表团团长手中,代表要想看,需要向团长借阅。可见,预算仍然处于一种相对神秘和秘密的状态,这种状态也遭到了代表和公众的质疑。

2007 年颁布并于 2008 年 5 月实施的《中华人民共和国政府信息公开条例》,将财政预算、决算报告、财政收支以及各专项资金的管理和使用情况列为重点公开的政府信息。2011 年的《关于深入推进基层财政专项支出预算公开的意见》是指导地方财政预算公开工作的规定,要求基层政府进一步加大财政专项支出预算的公开力度,特别是要重点公开与人民群众密切相关的教育、医疗卫生、社会保障和就业、住房保障以及"三农"等方面的财政专项支出信息,并明确列出了 45 项财政专项支出的细目。此外,2011年 5 月召开的国务院常务会议明确要求 98 个中央部门加大政务公开力度,增加部门预算和决算公开的内容,并公开"三公"经费和其他行政经费支出情况。2015 年颁布的新《预算法》规定,县级以上政府审计部门依法对预算执行、决算实行审计监督,并将预算执行和其他财政收支的审计工作报告向社会公开,各级政府及有关部门未依照本法规定对有关预算事项进行公开和说明的,将追究负有直接责任的主管人员和其他直接责任人员的行政责任。我国预算公开相关法律、法规如表 7-1 所示。

表 7-1   我国预算公开相关法律、法规

颁布年份	法律、法规名称	相关规定
1951	《保守国家机密暂行条例》	国家财政计划和国家概算、预算、决算及各种财务机密事项是国家机密
1982	《中华人民共和国宪法》	全国人民代表大会行使"审查和批准国家的预算和预算执行情况的报告"的职权
1994	《中华人民共和国预算法》	全国人民代表大会审查中央和地方预算草案及中央和地方预算执行情况的报告;批准中央预算和中央预算执行情况的报告;改变或者撤销全国人民代表大会常务委员会关于预算、决算的不适当的决议
1999	《关于加强中央预算审查监督的决定》	各部门要自觉接受全国人大及其常委会对中央预算的审查和监督,积极协助、配合全国人大财政经济委员会和全国人大常委会预算工作委员会开展工作
2008	《中华人民共和国政府信息公开条例》	县级以上各级人民政府及其部门应当重点公开财政预算、决算报告、财政收支以及各专项资金的管理和使用情况

（续表）

颁布年份	法律、法规名称	相关规定
2010	《关于进一步做好预算信息公开工作的指导意见》	各级政府财政部门负责本级政府总预算、决算的公开,各部门负责本部门预算、决算的公开。经同级人大或其常委会审议批准的预算、决算要主动向社会公开,并对预算公开的完整、真实和细化作出了要求
2011	《关于深入推进基层财政专项支出预算公开的意见》	基层财政专项支出主要包括上级财政下达的转移支付资金和本级财政安排的专项资金。基层政府要进一步加大财政专项支出预算的公开力度,特别是要重点公开与人民群众利益密切相关的教育、医疗卫生、社会保障和就业、住房保障支出以及"三农"等方面的财政专项支出,并对预算公开的原则、主要内容和方式作出了要求
2015	《中华人民共和国预算法》	县级以上政府审计部门依法对预算执行、决算实行审计监督,对预算执行和其他财政收支的审计工作报告应当向社会公开,各级政府及有关部门未依照本法规定对有关预算事项进行公开和说明的,将追究负有直接责任的主管人员和其他直接责任人员的行政责任

2. 预算公开的内容逐渐细化和详细

完整、真实、细致是预算公开透明的应有之义。近年来,我国预算公开的内容也越来越细化。以中央财政预算为例,从 2007 年开始,财政部积极推动中央财政预算公开,并逐步地丰富和细化公开内容,通过财政部门户网站,先后主动公开了财政体制、预算管理相关制度规定、预算报告和决算报告等;还逐步把除了公共财政预算之外的政府性基金预算和国有资本经营预算纳入公开范围。一些公开的预算内容还细化到了"款"。具体的公开细化过程和简要情况如下所述。

2008 年 9 月开始主动公开月度财政收支执行情况。2009 年,首次向社会公开了经全国人大批准后的《中央财政收入预算表》《中央财政支出预算表》《中央本级支出预算表》《中央对地方税收返还和转移支付预算表》4张报表。2010年,报送全国人大审议通过的中央财政预算12张表格向社会进行了公开,比2009年增加了8张预算表,涵盖了公共财政预算、政府性基金预算和国有资本经营预算;同时,预算公开的内容更加细化,2010年中央本级支出预算细化为23"类"123"款"内容,比2009年增加了82"款"内容;此外,为方便社会各界更加深入地了解预算有关情况,还公开了中央财政预算有关数据及编制情况说明,比较详细地解释了中央财政预算编制的主要考虑和有关数据的增减变化情况,力求使人民群众更好地了解预算体现党和国家的方针政策、支持重点和政策导向。2011年3月25日,通过财政部网站公开了经全国人大审议通过的2011年中央财政预算全部的11张表及说明。其中,在2010年基本上按款级科目公开中央本级支出的基础上,2011年中央公共财政本级支出预算表中的教育、科学技术和农林水事务支出等重点支出,已细化公开到"项"级科目。同时,实现了按"项"级科目细化公开中央财政决算。2011年7月20日,在财政部网站公开了经国务院批准的2010年中央财政决算。其中,中央公共财政本级支出决算表基本上按"项"级科目公开。2012年3月22日,财政部通过门户网站公开了中央财政预算全部11张表格及说明,并进一步细化了公开的内容。[①]

3. 预算公开的内容、格式、时限等日益规范

以中央部门预算公开为例,除专门出台文件规定对各地区、各部门必须做好预算主动公开和依申请公开工作提出了指导性要求以外,还对公开的内容、格式和时限作出了较为详细的规定。明确要求97个中央部门需要统一公开部门预算的《公共预算收支总表》《公共预算收入表》《公共预算

---

① 苏明、李成威、赵大全、王志刚:《关于预算公开的若干问题研究》,《经济研究参考》2012年第50期。

支出表》《公共预算财政拨款支出表》《政府性基金预算支出表》5 张表格并细化至"款"级科目,其中教育、医疗卫生、社会保障和就业、农林水事务、住房保障等支出细化到"项"级科目,各部门除了公开有关表格数据外,还需要对本部门职能、构成情况作介绍,对预算增减变化的原因进行说明,对专业性较强的预算名词进行解释等。近 2 年来,地方财政部门也按照规定的预算公开内容、格式和时间等要求,积极发布部门预算及执行情况的报告,民众可以较为方便地从网络上获取。

4. "三公"经费公开力度加大

"三公"经费是社会民众对政府预算公开最为关注的一个方面,也是最为敏感的一个方面。在这方面,国务院第 153 次常务会议要求,自 2011 年开始向社会公开政府部门"三公"经费。

(1) 在中央本级"三公"经费公开方面。2011 年 7 月 8 日,财政部通过财政部网站公开了中央本级"三公"经费 2010 年支出和 2011 年预算情况。7 月 1 日,对中央本级行政经费决算总额随中央决算报告一并在财政部网站进行了公开。

(2) 在中央部门"三公"经费公开方面。从 2011 年 7 月 6 日起,各部门按照国务院要求和财政部的具体部署,陆续公开了本部门 2010 年度"三公"经费决算数和 2011 年"三公"经费预算情况。有 98 个部门公开了本部门 2010 年"三公经费"决算和 2011 年"三公经费"预算情况。从公开内容看,大部分中央部门都按规定公开了 2010 年"三公经费"财政拨款决算数和 2011 年"三公经费"财政拨款预算数,并作了解释说明。一些部门进一步细化了公开内容,如审计署公开了出国团组的人次、公务用车的数量和平均车辆运行维护费,农业部公开了人员情况、人均"三公经费"支出水平,中国气象局公开了部门基本情况及"三公经费"分项支出的主要活动、任务,中国地震局和国家工商总局还公开了所属预算单位的"三公经费"支出情况。

（3）在地方"三公"经费公开方面。2011年，北京、上海、广东、陕西等省（市）公开了本级"三公"经费总体支出情况，其中，陕西省10个试点部门和北京市44个部门分别于8月5日和8月15日，公开了部门"三公"经费。[①]

5. 地方财政预算公开进展明显

地方财政预算公开是在波折和反复中不断推进的。2009年，广州市财政局在网站上首度公开市本级部门预算，包括114个政府单位的2009年财政收支计划，含部门基本情况、预算收支基本情况、收支预算总表，以及收入预算总表和支出预算总表，公众可以点击下载、浏览，此举开创了全国先河。但广州市预算公开的进程也经历波折，2010年，广州市主动公开财政预算的部门骤降到29个，2011年进一步减少到22个，而且所公开的内容不够明晰。从省级预算公开情况来看，情况较市级要好一些。2010年，全国有18个省向社会公开了政府一般预算和政府性基金预算，云南、重庆等12个省（市）还按月（季）度公开了预算执行情况。到2011年，全国有26个省（市）公开了省级预算单位的部门预算、24个省（市）公开了政府性基金预算、5个省（市）公开了国有资本经营预算。

二、目前我国预算公开中存在的问题及原因分析

1. 存在的问题

预算公开是衡量政府财政透明度的核心指标。有学者认为，政府财政

---

① 苏明、李成威、赵大全、王志刚：《关于预算公开的若干问题研究》，《经济研究参考》2012年第50期。

透明度指标体系主要包括三部分：①纳入预算的机构，包括党、政、人大、政协、民主党派和工商联、群团、事业单位、国有企业等，分值为 50 分。②市级政府预算与预算执行情况（含 2014 年预算执行情况报告、2015 年预算草案、2014 年决算报告三个报告，以及 2014 年部门预算执行和 2015 年部门预算情况）。市级政府预算与预算执行情况包括以下具体内容：本级公共财政收支情况、本级政府性基金收支情况、国有资本经营与国有企业收支情况、社会保险基金收支情况（简称政府的"四本账"）。该部分的分值为380 分。③其他重要的财政信息，包括政府性债务、三公经费、大额专项资金及重点项目、政府采购公开，以及预算编制说明等内容，此部分的分值为170 分。[①]

从省级政府财政透明度来看，由上海财经大学公共经济与管理学院编撰的《2015 年财政透明度报告》显示：我国省级政府透明度仍较低，仅公开 1/3 左右的财政信息，其中政府资产负债的公开情况最差，有 9 个省份未就此提供有效信息。各省间财政透明度的差异在缩小，表明财政信息公开情况较差的省份有加大财政信息公开力度的趋势。原本在财政信息公开方面做得最好的省份，反而出现了"退步"。这是因为一些信息公开情况较好的省份缺少进一步提高财政透明度的积极性。[②]

从市级政府财政透明度来看，目前我国政府部门特别是市级财政公开已经呈现出一种竞争态势，说明社会民众的预算公开诉求已经对政府形成一种督促和压力。清华大学对全国 294 个城市的财政透明度情况进行了大数据的分析研究后指出，我国市级政府财政透明度较以往有了较为明显

---

①　清华大学公共经济、金融与治理研究中心：《2015 中国市级政府财政透明度研究报告》，《中国经济周刊》2015 年 8 月 4 日转发。

②　《2015 年财政透明度报告》，上海财经大学公共经济与管理学院，2015 年。

的进步。

比如,2015 年公共财政的明细科目公开情况要明显好于 2014 年,不少市政府除了公布自己的财政报告外,还在网上贴出了详细的收支明细表格,没有提供表格的市政府中,也有一些在政府财政报告中细化了报告项目,如拆分其他各税为更详细的税种等。政府性基金预算、国有资本经营预算和社保基金预算的公开程度仍然十分欠缺,294个城市中只有 55 个市政府得分达到总分的 60%以上。所有城市的平均得分仅占该部分满分的 33.93%。①

在重要财政信息公开方面,政府性债务的公开程度最差,绝大多数城市(除北京、广州、上海、天津、宁波、厦门外)都没有按规定公布政府性债务资金使用情况。县级财政透明度情况较市级更低。此外,从预算公开的细化程度来看,预算公开到"款"的程度仍然较少,细化程度仍然较低。

2. 推进我国预算公开的制约因素与有利条件

我国预算公开取得了巨大进展,同时也还存在很大的改进空间。当前预算公开的不完善之处,有其深刻的制度等方面的根源,但也要认识到,提高预算公开透明度,当前在我国也面临着一些有利条件。

从制约因素来看,实际上,预算公开的过程,就是一国民主法治的历程。当前,我国民主法治取得了明显进步,但与很多西方发达国家相比还存在相当距离,如何使政府的预算公开行为(包括按时、主动、完整、细致地公开所有财政收支信息)受到法律的严格约束,实现政府的依法理财,从根本上来说,还需要我国民主和法治制度的进一步完善,这是预算公开的根基之一。而且,从技术层面来讲,实际上政府预算公开并不存在技术障碍,

---

① 清华大学公共经济、金融与治理研究中心:《2015 年中国市级政府财政透明度研究报告》,《中国经济周刊》2015 年 8 月 4 日转发。

这也从另一方面说明,政府预算公开需要民主和法治制度的支撑,面临错综复杂的社会背景,任重而道远。而且目前我国预算公开相关法律体系不够健全,削弱了预算公开的法律基础,政府行政管理体制、决策机制不完善也制约了预算公开的程度。当然,从操作层面来讲,预算公开过程中存在的一些诸如不完整、看不懂等问题,也在很大程度上与我国预算编制环节的不科学有一定的关系,突出表现在以下五个方面:一是现有法律、法规关于预算草案编制的一些规定不够科学,影响了预算编制的质量;二是预算编制的内容不够科学,较为粗糙、不完整,不利于预算的执行和监督;三是预算编制的形式还不完全符合《预算法》的规定,在很大程度上影响了预算的规范性和《预算法》的严肃性;四是当前预算收支测算方法过于简单,缺乏科学论证,使财政收支的实际情况与测算情况差别较大;五是预算编制和审批时间过于仓促,使预算脱离实际,审批流于形式。

当然,目前我国推进预算公开还面临着一些有利条件。如前所述,我国民主法治进程不断推进,民众民主法治意识逐渐觉醒和深入人心,形成一股社会民众对政府推进预算公开透明的压力和推动力。此外,互联网技术、大数据处理方法等,也将在一定程度上为政府预算公开提供良好氛围。

三、国外预算公开的制度做法及评价体系借鉴

国外预算公开历史悠久,制度完备,充分吸收和借鉴国外的先进做法和经验,对提高我国预算公开透明程度,建设现代预算制度,打造"阳光政府",具有重要的现实意义。

1. 国际货币基金组织(IMF)的预算公开规范

IMF 在《财政透明度手册(修订本)》中的《财政透明度良好做法守则》

(2007年)对预算公开提出了相应规范：一是明确职责。要求将政府部门与其他公共部门以及经济体的其他部门区分开来，应明确公共部门内部的政策和管理职能，同时予以公开披露。财政管理应有明确和公开的法律、法规和行政框架。二是公开预算程序。在编制预算时，应按确定的时间表进行，并以明确的宏观经济和财政政策目标为指导。预算的执行、监督和报告应有明确的程序。三是方便公众获得信息。应就过去、现在和未来的财政活动，以及主要的财政风险，向公众提供全面的信息。提供的财政信息应有利于政策分析和加强问责制。应确保及时公布财政信息。四是确保真实性。财政数据应符合公认的数据质量标准。应对财政活动进行有效的内部监督和保护。财政信息应接受外部审查。总结一下，IMF提出的财政透明准则可以概括为：一是清楚地界定政府的角色和责任；二是公众能够获得信息；三是公开预算准备和预算执行情况，公开预算报告；四是有独立的确保诚实的机制。

2. 经济合作与发展组织(OECD)的预算透明最优做法

经济合作与发展组织（OECD）发布的《预算透明的最优做法》明确提出"公开透明是政府对于预算制定的政策意图""政府要将相关的财政信息及时、全面、系统而又真实地向大众公开"，并提出了政府应该公开的预算内容，包括：预算前报告、阅读报告、年中报告、年末报告、选举前报告和长期报告，并对上述报告内容的侧重点、格式要求、公布时间，以及注意事项等进行了详细说明。例如，提出"年末报告应该经过国家最高审计机构的审计稽核，并在财政年度结束后6个月内公布，其格式也应与预算的格式一致。年末报告显示的收入和支出水平应该与议会批准的预算数字相符合，如在执行中发生了调整，则应予以单独披露"。"长期报告用于评估政府当前政策在长时期内的可持续性，它应该考虑到人口统计变动（如人口老龄化等）对预算产生的潜在影响。长期报告应至少每5年发布一次。对长期报告中隐含的所有重要的假设都应作详细阐述,并披露一些可能发生的事件"。

3. 美国的预算公开

美国的预算公开,可以用"一清二楚""自下而上""充分民主"等词汇来形容。在美国,无论是政府行政部门还是国会,只要是参与预算过程中的任何组织机构,都有义务向民众充分公开预算信息。而民众也可以通过多种途径,如政府相关官方网站(如总统预算管理办公室)、民间网站(如得克萨斯州预算资源网)、书籍报告,以及参加预算相关的国会审查和辩论会议等,轻松、清楚地了解和掌握政府预算收支情况。

以得克萨斯州的预算公开情况来形象地说明。得克萨斯州设有一个民间的预算资源网站,进入网站首页,就会出现"这是您的钱,您应该知道它们是怎么花出去的"字样,网站右上角还有一行快速闪烁的数字,是得克萨斯州预算网的政府日常开销的计算器,提示网友"得克萨斯州政府花您的钱有多快",虽然这个精确到小数点的数字是事先计算出来的数字,但也充分显示出民众可以轻而易举地获知政府每一秒钟要花掉纳税人多少钱、自己所缴纳的那笔税去了政府哪个账户、政府打算怎么花费这笔钱和花的效果如何等自己所关心的信息。

美国的预算公开具有以下突出特点:一是法律基础非常坚实。政府公开预算具有明确的法律依据。主要有 1966 年颁布实施的《信息自由法》(Freedom of Information Act,FIOA),规定政府必须向公众公开其所持有的各种信息和档案、文件等,便于民众查询和获得信息,从而实现了对政府权力的监督和制衡。1974 年通过了《隐私权法》(The Privacy Act)以及州和州以下政府的《公共记录法案》,均规定政府需要公开完整的政府信息。1976 年通过的《阳光下的政府法》(Government in the Sunshine Act),明确规定美国合议制行政机关会议必须公开举行,且必须向公众开放并提前一周发布公告,将会议时间、地点、议题及联系人姓名和电话向社会公布,确保公众可以观察会议进程并获取会议文件。1996年修正了《电子信息自由法》(Electronic Freedom of Information Act,EFOIA),该法是在计算机和网络技术快速发展的背景下,为提高政府信息公开效率而对政府快速处理、多轨道处理方面提高处理效率的规定,并强调行政机关具有主动公开信息的义务,这是美国信息公开制度的一次重要变革。二是自下而上民主色彩浓厚。首先,预算编制经历了多次自下而上的沟通、协商等信息反馈;其次,编制好的预算还要经过代表不同民众群体利益的国会、总统、参议院、众议院的多次审核;最后,社会民众则可以直接通过网络,清晰地了解到政府预算及其执行情况。此外,独立的审计委员会每年都对政府账目进行审核并公布审核意见,提供给社会民众监督和评判政府预算执行情况。通过上述多种形式和多次信息反馈,确保了预算的公开透明。

4. 新西兰的预算信息公开

新西兰的预算信息公开取得了显著的经济和社会成效。1989年颁布《公共财政法案》,明确规定所有的财务报告都要采用权责发生制,并向公众公开报告内容;1989年通过的《地方政府改善法》,要求地方议会公布以下预算文件,关于财政形势的声明、总体运作状况的声明、用金融和非金融术语对每一项重要活动发布的声明、现金流量表,并要求地方议会在财政年度开始前、预算草案的准备阶段、议会作出重要政策动议之前,将相关文件在公共场所公示,接受公众的咨询和意见,而且对于公众的提议,议会必须以公开会议的形式进行讨论;1994年颁布《财政责任法》,进一步要求中央政府的透明和责任程度,强调任何与财政责任的基本原则相违背的事项都必须要向社会公开,要求政府提供全套预测财务报表和报告——经营报表资产负债表、现金流量表、借款表和公正地反映政府的财务状况所必需的其他任何报表;向议会特别委员会提交法案所要求的全部报告,以及即将出台的预算的战略重点、短期财政打算和长期财政目标、为期 3 年的预测期内财政决策的影响、根据公认的会计标准提供所有财务信息等。此外,还对财政信息公开的时间和内容提出了明确要求,在任何大选前 14～42 天公布选举前经济和财政最近情况;对为期至少 10 年的财政趋势的预测;有关政府的承诺和具体财政风险的声明,包括是否有负债等。

5. 英国的预算信息公开①

英国是世界上第一个对政府预算进行管理的国家,制定了世界上第一套比较完善的政府预算制度,对近代史上其他国家形成自己的政府预算公开制度起到了引领和导航的作用。英国预算制度的形成和公开经历了渐进的过程,历经部分税收—军费支出—全部税收—拨款—支出责任制度—王室年俸—王室收入—年度收支计划报告—审计……逐步推进并最终完成。

英国按照单式预算制作出政府预算表,在公开的政府预算中公开了预算的总体收入以及总体支出,整个预算报告分为五个部分:一是综述部分,提出本财政年度的预算总规划;二是报告正文,主要是为了解释形成年度预算的原因,以及预算对普通民众产生的影响;三是预算报告,列示英国政府总的预算报告,该报告按照单式预算编制,清楚列示所有的预算收入以及所有的预算支出;四是预算过程表,列示诸多预算的过程表格,包括世界经济 GDP 的预测表、英国经济 GDP 的预测表、收入预测表、支出预测表、政府借款预测表、经济预测变动后的预算收支表,以及预测变动后的政府借款表;五是附录。

英国预算信息反馈的过程是一个由下而上的过程,充满了民主的色

---

① 苏明、李成威、赵大全、王志刚:《关于预算公开的若干问题研究》,《经济研究参考》2012 年第 50 期。

彩。在预算的审批过程中，英国的预算机构会组织听证会，让议员和民众旁听，对预算报告的内容进行提问，要求政府的相关人员当场解答。如果有什么不满，可以当场提出，或在审批过程中投反对票。这样的民主公开形式，大大加强了民众对于预算信息的监督，提高了民众反馈意见的有效性，使预算按照大多数人的意见得以实施。

6. 对国外预算公开做法的总结和借鉴

从上述国外预算公开的做法和制度来看，具有以下共同特点：一是公开的内容完整、详细；二是公开的时间和格式十分规范、简单易懂；三是法律制度对政府的预算信息公开起到了硬约束的作用，政府负有预算公开的法律责任；四是公众从预算编制、执行，到监督等全过程的深度参与，对政府行为起到了有效的监督制约。

进一步深入分析发现，国外预算公开制度之所以较为完备，有以下原因：一是预算编制环节科学合理；二是在政治和社会方面，民主制度较为完善；三是在组织发展方面，西方国家的社团等非营利组织十分发达，在预算公开以及其他方面都可以较好地收集和表达民意，除了上文提到的民间组织，还有国际预算合作组织（IBP）、日本"全国市民行政监察联络会议"等；四是在技术发展方面，计算机、网络、云技术等都极大地促进和便利了预算公开，当然也必须认识到，制约我国预算公开的并不是技术方面的原因，但技术对促进预算公开具有很大的推动和促进作用。

因此，对比我国预算公开与国外发达国家和国际组织的预算公开，我国还有相当大的差距。目前仍处于部分的"晒账本"阶段，且十分不完整、不细致。而且，"晒"并不是目的，而是一种手段，最终目的是通过"晒账本"，让社会民众可以"懂账本"，进而可以"审账本""改账本"，监督政府"按账办事"。而在这个过程中，我国必须加速推进政治社会和民主法治进程。

四、预算公开的目标、原则与建议

对比国际组织和发达国家的预算公开的目标和我国预算公开的现实情况,以及民众的要求和期望,我国在预算公开方面要做的工作还有很多。

1. 预算公开的目标

从长远和根本上来说,预算公开应实现以下目标:一是应公开政府与市场的分工,即政府职能信息;二是应公开政府的组织结构以及各组织的职能;三是应公开政府的预算目标和预算编制的依据;四是应公开政府的全部收支信息;五是预算过程应该是公开透明的;六是对预算进行充分的说明,预算语言清楚、易懂;七是预算信息尽可能包含在较少的文件中,并容易为公众所获取。

2. 需要遵循的原则

我国预算公开改革刚刚起步,为实现预算民主和现代预算国家建设开启了一扇明亮之窗,“多米诺骨牌”效应将逐步凸显。未来的预算公开改革需要把握以下五个原则:

(1) 协同性原则。预算公开和各类财政管理改革之间,预算公开和党务、政务公开之间,财政体制、政治体制和行政体制改革之间,需要同步推进,发挥协同效应。借用当前推进的预算绩效管理理念,预算公开也必须突出结果导向,让公众的期待和政府公开目标达成一致,而不是因某一管理环节的不足而出现“短板效应”。预算公开的协同性还意味着预算公开绝不仅仅是一个部门的责任,也不能仅仅依赖于政府,它需要全社会方方面面的共同努力和付出。

（2）动态性原则。预算公开需要依据经济、政治、社会形势变化等多种因素来把握，不能超越历史阶段，是一个动态最优的过程。这就意味着预算公开不可避免地会存在着阶段性特征、阶段性目标和阶段性措施，只要在实践中不断地进行调整和修正，将每一个阶段的预算公开工作都做到最优，这些最优阶段连起来也会形成一个整体性的动态最优路径。

（3）风险控制原则。"凡事预则立，不预则废"，对于预算公开后可能出现的种种风险作出防控预案，采取一定的危机化解方法，及时、准确地公布信息、畅通公开渠道，避免社会谣言。政府部门尤其财政部门要有风险意识，做好各种准备，也不能过于担忧，毕竟我们面临的是一个充满了各种不确定性的世界，但是我们要有自己坚定的价值判断和选择。

（4）责任分担原则。预算公开绝不仅仅是财政一个部门的责任，它是所有政府部门的共担责任。部门预算强化了部门的责任意识，预算公开将政府资金分配透明化，可能会诱发部门利益冲突，这就需要在事前界定好部门的公开责任，尽量做到"资金分配到哪里，预算公开到哪里"，避免出现推诿责任的不利局面。责任分担原则要求预算公开责任落实到每一个单位、每一个个人。

（5）长效性原则。预算公开在当前的体制环境下需要谨慎改革，否则会引起反复甚至倒退，因此必须建立一种长效机制来保证此项改革不会"人走政息"，而是成为一种常态性的工作，来切实保证广大纳税人的合法利益。这就离不开法治建设，需要强化相关法律，尤其是《预算法》的立法工作，加强人大的监督职能，以切实保证预算公开能够长久有效地推进。

3. 相关政策建议

（1）推进预算公开的法制化进程。预算公开必须依法进行，谁来公开、公开什么、怎么公开、不公开如何处理等都离不开法律制度的规范。可以说,完善立法,依法公开,既是世界各国预算公开的普遍原则,又是其预算公开行之有效的经验之一。因此,要加快建立、健全预算公开的法律制度。

　　加强预算信息公开的法制建设,一般而言有两种路径:一种是单独立法,或以国务院令的形式制定预算信息公开条例;另一种是修改《预算法》,将预算信息公开的有关要求,在《预算法》中列示。从现实情况来看,我们认为较为理想的选择应该是将预算信息公开的基本要求在《预算法》中列示,同时以国务院令的形式制定预算信息公开具体实施条例或办法。在《预算法》中需要着重明确预算信息公开的原则、公开和免除公开的基本范围、公开的方式、主体的责任,以及其他的一些基本要求。而在具体实施条例或办法中,需要对《预算法》的规定作进一步细化,包括:政府财政信息形成过程、披露方式和操作规则,财政预算、决算报告的详细程度及有关要求,相关惩戒及救济措施的具体规定等。这样既提高了公开的法律效力,又保证了公开的可操作性和灵活性。如果单独立法,不仅程序复杂,而且降低了灵活性,不符合循序渐进的原则,无法随经济社会形势的发展变化做快速调整,削弱了应对风险的能力。另外,还要做好保密法的修订,对保密规定与预算公开方面不一致的地方进行修订和界定,减少预算公开的法律障碍。

　　(2)变被动公开为主动公开。主动公开是与依申请公开相对而言的。主动公开是指财政部门根据法律规定的义务,积极主动地向社会公众公开预算信息。而依申请公开则是公众根据法律规定的权利向义务机关提出申请,由该机关向其公开特定的信息。依申请公开具有公开的被动性、公开信息的零散性和公开频率的偶然性等特征。而主动公开具有公开的积极主动性、公开信息的完整性、公开频率的经常性等特征。由此可见,主动公开是实现预算公开制度化、法制化的必要途径。

　　要积极主动地履行预算公开的义务,就要充分认识预算公开的重要意义,增强预算公开的主动性。通过预算公开,让纳税人清晰地了解财政资金的去向,有利于增进人民群众对政府工作的理解和支持。各级政府公开财政预算,建立与纳税人的直接联系,主动置身于社会公众的监督之下,有利于保证行政权力的正确行使,提高财政资金的使用效率,提高财政管理的科学化和精细化水平。因此,各级政府及其职能部门应从保证依法履职、推进改革发展、密切党和政府与人民群众血肉联系的高度,充分认识预算公开的重要性和必要性,回应社会关切,增强预算公开的主动性。

(3)逐步拓宽预算公开的范围。逐步拓宽预算公开的广度和范围。预算公开要逐步涵盖以下信息:一是收支信息。收支信息是政府预算中最主要的内容,是一国经济与社会选择在财政方面的反映。整个政府活动就是围绕着收支两个方面展开的。通过收入和支出的信息反馈,公众可以了解到政府的基本财政运行情况。二是负债信息。为了使公众能够了解政府筹集资金与偿还债务的能力,并评估政府要履行现有的全部承诺所需的未来收入,披露有关负债和资产的充分信息至关重要。三是绩效信息。传统的财政管理强调的是合规性,即公共资金的取得和使用是否符合规定。但政府活动的真正目的是如何最大限度地促进公共利益,为此有必要披露政府的绩效信息。四是风险信息。政府承担的风险是指政府决策层次的风险,是与政府职能及其政策目标紧密联系在一起的,如政府发行公债的风险、给企业融资提供担保的风险,以及金融机构不良资产在一定条件下汇聚到财政的风险等,诸如此类的风险都是与政府作为公共主体的职能及其具体政策目标有关的。

(4)深化预算改革,夯实公开基础。良好的预算管理水平是预算公开的坚实基础。要通过深化预算改革,使预算公开建立在坚实的制度管理基础上。第一,实行全口径预算。理顺政府财政与主管部门的工作关系,对现有资金予以归并整合,将财政预算安排的资金全部纳入部门预算之中,建立规范的政府间转移支付制度。一是要清理压缩专项资金,除法律有特殊规定确需保留的专项资金外,一律调整为不指定具体项目的财力性转移支付补助,由下级政府结合自身财力,统筹安排使用。二是对能够确定额度、相对固定的补助资金,要提前下达,以满足下级政府预算编制的时间要求。三是对暂时无法确定额度的,要预计最低限额,提前通知下级政府,提高下级政府预算的准确性和部门预算的到位率,缩小预算与决算之间的差距。规范上下级政府间结算制度,上级政府主管部门一律不得直接对下级政府对口部门补助资金,所有政府间转移支付性资金必须通过两级财政结算办理,以免造成预算内容不完整,预算与决算不对应的问题。第二,调整预算编制周期。为了解决预算编制简单、粗糙带来的各种问题,需要延长预算编制时间,调整预算编制周期,在每年财政决算完成后就着手次年的预算编制工作。提早编制预算,留有充分时间,这样既有利于提高部门预算编制质量,也有利于推进人大对预算审查从程序性向实质性的转变,从而提高预算的透明度,保证预算资金分配的公开、公正、公平。第三,建立绩效评价体系。结合各地实际,绩效考评的主要内容应包括:绩效目标的完成情况、资金的使用情况和财务管理状况,部门为完成绩效目标采取的措施等。绩效考评应采取定性和定量相结合的方式。绩效考评的方法应采用比较法、因素分析法、公众评价法,以及成本效益分析法等多种方法。

　　另外,还要加快推进相应配套改革。一是深化预算制度改革。其主要内容包括完善政府预算体系(四本预算),实施中期预算框架,推进预算绩效管理改革。此外,还要逐步实施零基预算。零基预算要求有科学、合理的定额体系和开支标准,实行标准化的定员、定额。在制定定额标准时要考虑如下两方面因素,即定额要反映部门的全部可支配财力;定额标准的制定要切实可行,既要体现行业差别,同时又要简化、科学,便于操作执行。二是通过进一步深化财税体制改革,初步建立以税收为主、少量必要的政府收费为辅的政府财政收入体系。同时,建立有效的非税收入征管体系,保证非税收入应收尽收,确保资金及时、足额入库。三是继续推进预算执行制度改革。全面实行国库集中支付制度;扩大政府采购范围和规模,从源头上预防和治理腐败,保证财政资金的使用符合部门预算的规定。四是加快推进政府会计改革。自20世纪80年代以来,伴随着新公共管理运动的兴起,世界许多国家掀起了政府会计改革的浪潮,主要表现为引入权责发生制会计。我国政府会计长期以来一直强调预算控制,基建资金和单位经费分割管理,并以收付实现制为主,使负债反映不全、资产价值不实,会计信息缺乏完整性和真实性,对此,应适时引入权责发生制、合并单位预算会计和基建单位会计,建立我国的政府会计准则,完善我国政府会计及报告制度,与国际接轨。五是建立和完善公民参与机制,使社会各界更及时、更有效地参与预算编制和监督的全过程,充分反映对财政支出的公共选择。

(5) 完善预算公开形式。预算公开要尽可能用通俗易懂的语言、形象生动的图表、翔实准确的解释来表述,以方便人大代表理解、审议和社会公众了解和监督。由于在预算信息公开和监督过程中公众作为信息的受众和非专业人员,始终处于劣势地位,这就需要各级财政部门发挥作用,利用其专业性和监督权,保证信息的可靠、可信、可读,以保障公众顺利实现公共参与和民主监督。要积极开发实用性的电子政务公开系统与平台,实现"傻瓜化"查询、阅读和下载。要减少财政专业术语的使用,完善预算报告内容。在公布财政预算信息时一并公布编制说明,在其中增加图表,加强解释和注释,做好信息的解读。在正式的预算报告和预算表格之外,公布编制说明,用活泼生动、通俗易懂的文字、图表加强解释和注释,做好信息的解读。同时,可以通过网站、新闻发布会、编印财政通俗读物等形式,努力使财政预算更加贴近百姓生活。尽可能做到方便公众从预算数据的字里行间解读国家方针政策、政策导向和项目支持重点。另外,要做好预算知识的普及和宣传工作,可以通过举办知识展览、下发宣传资料、开展新闻媒体宣传等形式,提高公众的阅读预算报告的能力。

中央部门预算公开要制定统一的"国家标准",明确中央部门每年预算公开的时间、格式(即部门预算中必须公开哪些内容)、等级(在类、款、项三个预算等级中,哪些项目必须公开到哪个等级),并制定相应问责措施和罚则。这个标准可由国务院或全国人大主持制定,应具有相当的权威性和效力,在一定时期保持稳定,并向社会公开。职能部门可以按照统一标准,对各部门的预算公开工作进行科学评价,对不同部门的工作进行比较分析,并就未达标准及违法、违规行为追究相关人员责任。同时,专业机构、媒体和社会公众可根据这个标准,对各部门的预算公开工作予以密切关注和严格监督。地方可以借鉴中央部门预算公开"国标",制定地方政府及其部门预算公开的"地方标准"。

(6)加强多途径监督机制建设。推进预算公开,还需要强化多途径监督,建立严格的内外部监督机制。所谓财政内部监督,是指各级财政部门内设的财政监督检查机构,根据国家信息披露的相关法律,对政府部门的财政财务、会计管理、预算编制执行等情况的公开数量、质量、程序,以及真实性、合法性和效率性进行的监督和检查活动。所谓财政外部监督,主要是指审计监督、社会监督和舆论监督等,即通过财政部门以外的审计机构、其他中介组织、社会公众和团体、新闻媒体等途径,发挥监督预算并督促预算公开的作用,倒逼政府部门加大预算公开力度,并使预算公开的信息越来越能符合和满足公众需求,并能切实起到监督约束政府并提高政府财政收支效率的作用。关于外部监督机制,国际货币基金组织在《财政透明度手册》中也有阐述,规定应建立财政信息的外部监督有关机制,以便对外部审计报告中发现的问题采取补救措施。当然,无论是内部监督还是外部监督,都基于民主制度和管理,这是实现预算公开的政治基础。正如毛泽东在回答黄炎培"如何跳出'黄宗羲'定律"时所说:"我们已经找到了新路,我们能跳出这个周期率。这条新路,就是民主。只有让人民来监督政府,政府才不敢松懈。只有人人起来负责,才不会人亡政息。"

第八章

实施中期预算框架

中共十八届三中全会提出要建立跨年度预算平衡机制。近期要推进实行中期财政规划管理,研究编制 3 年滚动财政规划,对规划期内一些重大改革、重要政策和重大项目,研究其政策目标、运行机制和评价办法。未来要实施中期预算框架,明确中期可操作的财政目标,提高预算项目的稳定性和可靠性,便于支出管理者制定更好的计划,同时实现预算的跨年度平衡目标。

一、中期预算框架的理念和要素

1. "为将来而预算"的理念

预算程序中反复发生(且互有重叠)的事件构成了预算周期,涵盖了预算编制、执行到决算的全过程。如同企业会计准则采用"会计分期假设"一样,各国的预算管理也往往以年度性原则作为预算周期的划分依据。年度性原则意味着预算必须每年都需重新编制一次且只能覆盖某一特定时期。然而,在 20 世纪的预算发展史中,由于年度性的预算周期假定增加了预算决策成本,无法满足跨年度的资本性支出需要,也难以反映预算安排与发展规划之间的有机联系,故而越来越受到质疑。同时,年度预算的决策模式容易助长短期行为倾向,而忽视了财政收支安排在中长期的可持续性,限制了政府对未来更为长远的考虑。在中国现实预算管理中,预算决策所覆盖的时间维度过短,也导致了预算调整过于频繁的"年年预算、预算一年"现象。近年来,预算调整、预算超收、年终突击花钱等问题日益受到社会普遍的关注,这既有社会转型期客观因素的影响,也不乏预算决策过程与公共政策制定过程分离、预算编制精细化程度有待提升的管理因素。

在"为将来而预算"的理念引导下,多数经济合作与发展组织(OECD)成员国已采用了包括未来 3～5 年的多年期预算框架,以弥补年度预算的不足。在那些因各种因素制约而难以全面实施中期财政规划的国家,也针对资本性支出的未来成本、养老金等公民权益性支出的长期需求、政府担保等隐性负债,采用了某种方式的中长期展望。需要注意的是,"鉴以往之事易,证未来之事难",越是长时间的预算决策,其在预测精度上面临的挑战也越大。以美国为例,金融危机导致了经济形势变动,使原有的基础性预测数据已不具有准确性,美国预算周期已由 1995 年的"1+4"年缩短为"1+2"年,这较为接近其某些州政府的双年度预算。根据亚洲开发银行的观点,建立中期财政规划应具备经济运行稳定、可靠的宏观经济预测能力、严格的决策过程、良好的预算纪律性等条件。从发展中国家和转轨国家的经验来看,由于上述条件还不完全具备,这些国家引入中期财政规划的成功案例尚不多见。因此,对于中期财政规划所可能达到的预期效果,仍需保持审慎乐观的态度。

2. 中期预算框架是联系政策制定与预算的有效机制

这种 OECD 国家在过去几年中通过不同形式采用的方法包括一系列相互联系的程序:确定跨度为 2～3 年的可用于公共支出的资源汇总;在总资源限额内确定部门或组织的分配限额,并传达给各行政事业单位;提出和确定时间跨度内未来支出成本的预计;通过建立支出先后顺序调整未来的预期和部门的分配额度;在年度预算编制程序之前确定部门支出限额以建立中期预算框架的第一年计划与年度预算的关系。

中期预算框架的预计是每年滚动的。当第一年计划同年度预算完全一致时,对其余年度(第二年和第三年)支出的预测只是指示性的。未来支出预计描述了现行或延续政策和政策变化的总成本。

制定中期预算框架的具体步骤包括:①确立整体财政政策目标并明确阐述政府将如何在中期实现它们;②对现有政策的中期成本提供更好的信息(这通常表明如果财政政策目标要被实现,可用的资源就非常有限);③更大范围的预算政策创新(将需1年以上的时间完成的)。实际上,预算要求被提出时,从某种意义上来说,预算年度的大多数支出已经被承诺支付了(公务员工资、退休金和偿债成本在短期是不变的)。这意味着,任何支出优先顺序的真正调整,如果成功的话,都必须在几年内完成。

相对于目前的预算编制程序而言,在我国实行中期预算框架还存在诸多困难:①我国目前没有进行资本性和经常性预算的划分,而中期预算框架的资本性和经常性预算是同时估计的;②部门需求大大超出政府财力许可的范围,而中期预算框架要求建立滚动的多年预算限额并将其下达给各行政事业单位;③年度预算的编制不参照中期或3年期计划,目前5年期时间框架太长以至于不能与年度预算编制程序紧密联系。

因而,引进中期预算框架是一个困难的有挑战性的程序,它不但需要强有力的承诺、强有力的资金支持,还需要长期的时间。在采用这一工具之前,需要做好以下工作:

(1) 对宏观经济的良好分析和预测。需要较强的宏观财政能力和可靠的预测收入的方法来估计中长期的可运用财政资源的汇总。对此,需要在负责中期预算框架实施的财政部门、权威的宏观预测机构和负责计划管理的部门之间相互协调制度安排,建立科学的宏观经济预测模型,提高对宏观经济预测的准确性。

（2）适量的信息库。中期预算框架要求有一个强大的信息库,它要包括广泛的预算覆盖范围,关于实际支出的可靠信息,能按相关的功能分析支出的一个全面详细的分类结构,以及精确和及时的会计信息。因此,在完成政府收支分类改革和政府会计改革以前我国还无法建立中期预算框架,此外,中期预算框架的建立还应该同政府财政管理信息系统的建设紧密联系在一起。

（3）适当的参数。中期预算框架的参数需要仔细选择,特别是所有支出功能的汇总,支出的内容,政府的组织结构和中期预算框架的部门细分,中期预算框架与发展计划和年度预算的协调机制,以及预测人员和资本性支出的适当方法。

3. 中期预算框架的要素

实施中期预算框架是建立现代预算制度的一个重要特征。中期预算框架的主要好处:一是明确了中期可操作的财政目标,预算项目具有稳定性和可靠性,项目虽然跨年度,但政策目标稳定,项目也有稳定的预算安排。二是便于支出管理者制定更好的计划,这也是中期预算优于年度预算的重要原因,在中期预算框架中,支出管理者可以更好地对跨年度项目作出计划安排。三是优化资源配置。在绩效预算编制中,优化资源配置主要体现在两个层面:一个层面是政府层面的分配效率,政府根据支出总额和部门间优先性的顺序,确定各部门的支出限额,在预算编制前通知部门,各部门的预算安排必须控制在限额之内,在这一层面,政府因不再过多关注部门内部的具体支出安排而提高了宏观资源配置效率;另一个层面是部门内部的资源配置,绩效预算编制赋予部门更多的权力,可以在限额内分配本部门资源,在允许的范围内可以调整预算安排,并且通过绩效评价约束部门的分配行为,使之与政府的政策目标相吻合,从而提高了微观资源分配效率。为提高资源配置效率,绩效预算还在项目与政府优先级之间建立联系,项目按优先级排序并分配资源,使项目设置与战略、目标和结果相一致。

实施中期预算框架,第一,要预测未来3~5年的财政收入和支出,确定可供分配的资源总额。第二,要确定部门的目标、产出和活动,安排项目并按优先性进行排序。第三,政府根据财政部门提出的支出规划,按照财力和部门间优先次序,在部门间进行中期的资源配置,确定未来3年部门的预算最高限额。第四,各部门在预算限额内调整预算安排。第五,修改后的部门预算由财政部再次审核,然后提交给政府和议会最后通过。[①]

建立中期预算框架有三个要素:一是预算详细程度,它应该包含所有的部门和所有的支出种类;二是时间跨度,多数国家采取3年计划,但也有一些国家采取5年或更长的时间跨度;三是对年度间预算变化的调整,采取滚动式或滑动式计划,也就是说每当能够获得关于外部环境和经济运行的新情况时,就根据新情况作修改。

二、以可持续为目标实施中期预算框架

1. 中国实施中期预算框架条件基本成熟

财政预算作为财政收支的基础和政策执行的依据,应及时有效地体现国家政策的指导方向。而中国现行年度预算制度,由于时间跨度短、编制过程缺乏持续性而不能满足政策制定与执行的连贯性。实施中期预算框架,能弥补中国预算体制的上述缺点,从整体上量化项目投资的后续支出,

---

① 白景明、赵新国、李成威、马洪范:《广东南海模式与建立中国式绩效预算》,中国财政经济出版社2010年版。

明确资金来源;同时,预算体制中的最高额限制和绩效评价预测机制使项目成本与收益紧密联系,既增加了资金使用的透明度,又能有效地控制投资总量。通过绩效考核严格监督项目实施,避免盲目投资造成烂尾现象。

在中国,建立中期预算框架条件基本成熟。亚洲开发银行(2001)在《公共支出管理》中提出,有能力建立跨年度预算的集体应具备四个条件:①经济较为稳定。②有可靠的宏观经济预测、分析能力和严格的政策决策过程。③预算制度具有纪律性。④社会制度能有效地支撑预算体系。中国自改革开放以来,社会体制不断完善,经济发展环境也较为稳定。同时,政府制定的 5 年规划给宏观经济的可预测性创造了条件;统计人员计算分析技术的提高、政府对会计制度的规范、《预算法》的改革和预算体制的完善,表明中国已基本满足建立中长期预算制度的条件。但改革不能一蹴而就,由于中国现有的预算体制和编制水平同预算机制健全的国家相比仍存在较大的差距,需要经历适当的过渡阶段,以实现预算体制的平稳改革和对资金、技术的要求。

2. 积极稳妥实施中期预算框架

实施中期预算框架不可一蹴而就,需在现有基础上平稳过渡。改革分为两步:第一,实施过渡性中长期预算制度,即构建基本预测框架,确定预算方法、规划期间、编列最重要的预算项目(如总收入—支出预计)和重要宏观经济指标、对编制部门和机构进行相应调整、制定部门战略、在少数重点部门编制支出计划;第二,全面推进中长期预算制度,加长规划跨度,拓宽规划范围,提高预算精确度。具体包括建立准确的政府资产—负债预计和绩效评估机制等。

(1)预算方法。滚动预算、零基预算和绩效预算作为国际通用的预算编制方法,在世界各国长期的实践中已体现出其科学性和实用性。中国于2000 年开始试运行零基预算,并在其后引入了绩效预算机制,在实践中已积累了大量经验。因此滚动预算、零基预算和绩效预算作为构建完整科学的中期预算框架的技术基础,在中国具有很高的可行性。

(2)规划期间。考虑到中国现有的技术水平和改革将带来的成本,建议结合其他国家的预算跨度,在过渡期阶段,财政预算主体选取折中的"1+2"年的中期预算期间,并以"1+4"年的中期预算期间作为最终目标。重大投资项目和宏观经济指标则以5年或10年为长期规划期限。在过渡期实行"1+2"年的中期预测能够更好地保证预算的准确性,避免对现有统计技术要求过高。因为随着预测跨度的增大,对技术要求更为严格,预测数据的准确性下降,使预测本身失去指导意义;过渡期之后,中长期制度的框架基本建立,技术水平和基础设施有所提高,此时则应以"1+4"年作为主要的预测期间,这样更加切合国家5年计划的时间节点,加上5年或10年的长期规划,使预算和投资项目与国家政策能够紧密联系。

(3)预测项目。中国预测项目大致可分为收入—支出、资产—负债以及重要宏观经济指标三个方面,其中收入和支出作为主要预测项目,用于国家财政的总量控制和政府工作的绩效考核。同时,公布收支的长期预测数据有利于政府控制支出,实施优质管理,减少债务压力。实施阶段的第一步包括编列总收入—支出预计、重要宏观经济指标、制定部门战略、在少数重点部门编制支出计划;第二步包括编制资产—负债预计和与政府政策及具体项目配套的绩效评估。

(4)编制机构、组织程序与预算决策。《预算法》规定,中国预算包括中央预算和地方预算,编制机构分别为国家财政部和省、地、市、州各级财政部门和行政部门。整个预算编制采用与澳大利亚相同的"两上两下"程序,过程划分为八个阶段,分别为:采集信息、布置预算编制、编制预算建议计划、财政审核、征求意见和编制部门预算文本、专家论证、编制并上报预算草案和批复预算。将中长期预算的编制融入现有程序体现在:从上到下,中央明确界定规划期内总收入和可用于公共支出的总资源,建立完善的宏观经济框架;明确符合年度政策重点计划要求的部委和地方最高支出限额;从下到上,各部委、地方在支出限额内各自制定年度支出计划并计算成本。最后,财政部将编制的预算法案交由政府预算委员会审核,审核通过后由财政部代表政府向全国人民代表大会报告,全体代表投票审议。通过审议的预算法案具有法律效力,财政部门依据预算报告分配财政资金,执行政府政策。

3. 解决中期预算框架的执行缺陷问题

政府对中期预算的执行力度不足,中期预算对执行机构约束力低,可能导致两种问题:第一,若预算低于执行机构所需资金,则无法约束执行机构按照最高限额缩减成本,部委和地方可能通过预算外支出、专项支出等途径获取超出最高限额的资金,使中长期规划"形同虚设"。第二,若因原料价格的大幅变动导致成本大幅减少,支出机构也会将以前年度的预测作为政府拨款的倾向,使随后年份的支出削减难以开展。而解决问题的关键在于准确预测数据和加强政府对中长期预算的执行力。一方面,根据国际经验,预算制定部门应当建立、健全预测机制,依据经济形势及时有效地更新、评估以前年度的预测结果,在财政年度中期的规定时点提出预算调整;另一方面,政府推动预算的决心成为执行机构是否严格按照预算机制的关键。有的国家政府在推行中期预算之时便郑重承诺实施的决心,并开展了大量工作以支持中期预算的实施,这一做法使规划取得成功的几率大大提高,并极有可能在不久的将来实现其核心目标。

三、我国全面实施中期预算框架的路径

实施中期预算框架,应清醒地评估并立足于我国具备的基础条件,与现行的预算管理制度相衔接,适应当前的管理能力和水平,保证平稳过渡。

这就要求在明确目标的前提下,不断夯实中期预算框架的基础,并选择由易到难、自上而下的实施路径。

1. 明确目标

中期预算框架的重要目标是保持财政的可持续性,提升财政的国家治理能力。全面实施中期预算框架,首先要明确中期预算与年度预算之间的关系。中期预算并不是对年度预算的替代,年度预算是中期预算的第一个年度的预算,是中期预算基础性的有机构成,中期预算框架为年度预算的编制提供有效的指导。推进中期预算框架改革,应基于国家战略优先性分配预算资源,并确保这种分配与总体财政目标相一致,从而在中长期内提高财政配置资源的效率和科学性,也保证在总体财政纪律得到贯彻的同时,各支出机构应具有一定程度的预见能力。另外,中期预算框架还应着力于探索提高支出绩效的手段,以提高财政资金的效率,实现财政战略。

2. 夯实基础

准确的财政收支预测是全面实施中期预算框架的基础和前提。科学预测中期财政收入,才能确定可支配财政资源。中期财政收入预测不同于年度财政收入预测。影响年度收入的因素相对较为确定,而影响中期财政收入的不确定性因素较多,这会导致中期财政收入预测的困难。从既有的财政收入预测来看,国内生产总值(GDP)是重要的指标之一。经济增长的速度、财政收入与经济增长之间的关系,都是需要明确的。从现实来看,经济增长速度正处于一个转换期。准确的财政收入预测,需要建立在准确的经济增速预测的基础之上,需要建立在经济结构调整对财政收入影响的科学判断上,需要有科学的模型预测财政收入与经济增长之间的关系。

独立的中期财政政策目标还需要细化为具体的中期财政支出数量,这就需要预测实现中期财政政策目标所需的财政支出规模,最终确定的支出规划应该是可行的规划。我国正处于全面深化改革阶段,国家重大改革、重要政策和重大项目都是中期预算框架所必须优先考虑的。改革、政策、项目都要转换为财政支出需要。中期财政支出规划的编制需要逐一预测改革、政策与项目的财政资金需求。国家重大改革、重要政策和重大项目的出台离不开财政的配合。没有充分的财政资金支持,重大改革、政策和项目往往很难成功地执行。但这并不是说,所有的改革、政策、项目资金诉求,财政只能照单全收。恰恰相反,这只是强调财政资金协调工作的重要性。国家政策支持的财政支出项目不能超过财政承受的能力。超能力意味着目标很难实现,结果只会影响政府公信力。这也要求编制中期预算框架的机构应与国家重大改革、重要政策和重大项目的决策机构之间有良好的信息沟通渠道,全程参与可行性论证,并最终在中期预算框架中得到充分的反映。国家重大改革、重要政策和重大项目只能逐一分析各自的资金需求,分析影响支出的各种因素,并加以汇总,形成中期支出预测结果。从这个意义上说,准确的支出预测是从财政视角对国家治理的贡献。

3. 由易到难

全面实施中期预算框架应该坚持由易到难的渐进改革路径,当前需要做好以下几个方面的工作。一是深化政府收支分类改革,厘清政府支出边界,将各类政府收入按其性质进行归类和层次划分,以便全面、准确、明细地反映政府收入的总量、结构及来源情况,为中期预算框架的层级设置提供明确依据。二是加强财政管理信息系统建设。利用先进的信息技术,支撑以预算编制、国库集中收付和宏观经济预测为核心应用的政府财政管理综合信息系统,为中期财政框架提供良好的硬件和软件支撑。三是清理规范"法定支出"。统筹财政资金安排,各领域只要有资金需求,在各类支出需求中,具有平等的地位。如有需要,仍然可以安排远高于原"法定支出"比例的支出;如无必要,就可以将相当部分的资金统筹使用,提高财政资金使用效率。

待到条件较为成熟时,可以通过推行中期绩效管理制度来推动中期预算框架的实现。建立全口径绩效预算管理。对政府各类收支全部纳入预算管理,建立全面完整的预算体系,真正实现"大财政""大收入""大支出"的绩效管理目标,对中期预算框架的全程进行绩效管理。在此基础上推行中期绩效预算管理。在中期预算框架下政府可以根据经济和财政状况对预算进行跨期适时调控。同时,部门能够在中期范围内自主地合理安排支出,可结合中期预算框架的编制推行中期绩效预算管理体制,以提高预算编制的科学性、准确性和严肃性。

4. 自上而下

实施中期规划最重要的环节是制度建设,因此必须坚持自上而下的原则。要做好制度的顶层设计,出台开展中期预算框架管理的指南。按照国务院深化财税体制改革对中期规划管理的要求,以及国务院关于实行中期预算框架管理的意见,财政部应出台开展中期预算框架管理的具体指南,对中期预算框架编制的具体方法和程序、规划使用、职责分工等实际操作方面的内容进行明确。各地财政部门应组织起草关于编制省级中期预算框架的试行办法,在征求各部门意见基础上提请以省级政府名义印发执行。

中期预算框架实施过程中会涉及立法、财政、审计等宏观规划部门之间、宏观规划部门与预算编制部门之间、预算编制部门与预算编制部门之间的一些权力、责任及利益的重新分配、调整与整合。首先,需要明确立法机关、发改委、财政部门、税务部门、审计部门、统计部门等各宏观规划部门、预算编制部门自身的职能。宏观规划部门应以财政纪律和公共利益为重,在保持严肃性和灵活性相结合的基础上,落实政策的筹划工作,预算的指导、审查、评估与监控工作。预算编制部门需要提供与规划相对应的绩效分析和财政战略报告,并重点就新增规划对未来支出的影响予以分析说明。其次,需要缩短各个部门的响应时间,在宏观规划部门和预算编制部门产生分歧时,应由上级机关相关职能部门按照规定程序在其中进行沟通协调,做到各个环节的有序衔接、沟通与协作。

第九章

构建战略和结果导向的预算绩效评价体系

预算绩效评价就是从经济性、效率性、效益性、公平性、回应性、服务质量、公共责任和公众满意程度等方面，对政府预算的目标、投入、过程、结果、影响等内容进行科学、客观、公正的衡量比较和综合评判的一项重要制度。①

一、预算绩效评价体系设计理念

从国际经验来看，预算绩效评价体系是由 5 个要素组成的完整系统：一是评价制度，包括有关法律和制度；二是评价组织，包括评价主体和实施程序；三是评价对象，反映评价对象和内容；四是评价指标、标准和方法；五是评价结果应用。

1. 基于战略和结果导向的预算绩效评价体系设计理念

预算绩效评价体系设计应在以下理念基础之上设计：

（1）战略导向。预算绩效评价体系设计体现绩效评价的战略导向，也

① 本章部分内容是作者参与国家社科基金课题"政府公共支出绩效评价研究"的研究成果，感谢安秀梅教授等的指导和建议。

就是必须着眼于从宏观、整体和长期的角度提升公共服务和公共治理的水平。

（2）结果导向。主要从预算政策的最终目标角度设计预算绩效评价体系，引导和促进预算产生更好的实际效果。

（3）效率观念。预算绩效评价体系设计着眼于促进利用最少的资源实现最大的公共福利。

（4）公共服务顾客至上。预算绩效评价体系设计促进政府支出管理活动以顾客（公众）为中心，以顾客（公众）的需要为导向。

（5）透明度和法治化。预算绩效评价体系设计要体现公开透明的原则，广泛应用现代信息技术，加强与公众的交流，强化政府的公共受托责任。同时，评价过程必须做到有法可依、有法必依。

专栏 9-1　　　　　国外预算绩效评价体系的特点

1. 建立了一套较为完善的预算绩效评价法律、法规体系

这些国家大多建立了一套较为完善的法律、法规体系。通过法律、法规明确预算绩效评价工作在整个财政资金使用及监督过程中的作用，明确评价工作必须采用的规则、程序、评价内容和方法、评价的组织方式，同时也对相关的行为主体的权利和义务也作出了相应的界定。因而各国预算评价也自然地都在法律框架指导和约束下进行。

2. 明确了各部门在预算绩效评价中的责任和分工

由于预算项目繁多和预算性质与领域不同，仅靠一个部门去评价，工作量会非常繁重，而且评价结果的客观公正和可靠性就会大打折扣。因而这些国家有关预算绩效评价的部门就呈多元化特点，不同的部门所评价的领域和侧重点不同。在众多的评价部门中都有一个统一的管理主体，如美国会计总署对全国预算绩效评价工作实施统一管理，同时，美

国国家绩效评价委员会,专门负责《政府绩效与成果法案》的实施与监督。澳大利亚联邦财政部负责预算绩效评价工作,是绩效评价体系的设计者和评价工作的监督者。

3. 依据各自的目标科学分类,明确预算绩效评价的对象和内容

这些国家预算绩效评价内容虽各不相同,但相同的内容一般主要包括下列四个方面:一是目标评价,即对绩效目标制定的合理性进行评价;二是财务评价,即对计划项目资金的来源或支出的合理性、管理的规范性进行评价;三是结果与影响评价,即对计划或项目完成结果及其持续影响力进行评价;四是资源配置评价,即对公共职员分配的合理性、有效性进行评价。

4. 建立了规范化和科学化的预算绩效评价指标、标准和方法体系

指标体系的规范化和科学化是预算绩效评价的质量保证和生命线所在,如果没有较为科学完整的评价指标体系作为支撑,预算绩效评价工作就没有实际意义了。因此,各国都对其评价指标体系进行了科学的设置和界定,使评价指标体系具有同期、同质和同域可行性,保证了评价结果的客观、公正。不仅美国预算绩效评价指标体系设计科学合理,澳大利亚等国家也是如此。

虽然预算多元化会使预算绩效评价存在判断冲突以及预算的产出难以准确计量,但在各国的预算绩效评价的实践中,仍存在一些共同认可的标准。这些标准概括起来主要有两个:一是 3E 标准,即经济性(Economy)、效率性(Effciency)和有效性(Effectiveness);二是 SMART标准,即具体的(Specific)、可衡量的(Measurable)、能够实现的(Achievable)、现实的(Realistic)和时限性(Time Bound)。

5. 预算绩效评价结果都有明确和有效的用途

各国预算绩效评价的管理主体部门,一方面,将评价结果反馈给相关

部门,作为各相关部门编制下一年度绩效计划的部门预算的重要依据,进而促进各部门提高管理水平和资金使用效益;另一方面,也都将评价报告中的建议和意见论证向社会公众公开。如美国会计总署除了涉及国家安全机密之外的所有评价报告,都提供给新闻界和社会公众审查。澳大利亚、英国等国家无论是政府部门、监督机构还是社会公众,都是评价信息的使用者,使社会公众能够在一定程度上参与预算决策过程,从而提高了预算的分配和使用效率。特别是评价结果的公开性,使社会公众能够从对不同部门的工作绩效以及同一部门在不同的时期表现的比较和分析中获得更多的信息,进而提高公众对政府行为的了解程度。

资料来源:杨良初、李成威、刘雅丽:《地方财政支出绩效评价研究》,财政部财政科学研究所《研究报告》2006 年第 29 期。

2. 战略和结果导向设计理念在预算绩效评价体系中的实现

实际上,构建预算绩效评价体系,首先必须回答以下五个问题:

(1) 为什么进行预算绩效评价(对应:评价结果应用)。

(2) 对预算的哪些层面进行绩效评价(对应:评价对象)。

(3) 谁来进行预算绩效评价(对应:评价组织)。

(4) 如何进行预算绩效评价(对应:评价指标标准和方法)。

(5) 如何保证预算绩效评价顺利进行(对应:评价制度)。

下面就这五个方面,分别论述战略和结果导向设计理念的实现。

(1) 战略导向理念的实现。战略,起初主要用于军事方面,赢得战争胜利的谋略。而策略是指赢得局部或某一战役的谋略。"战略"一词后来被运用于管理领域,是指一个组织的总体谋略,涉及一个时期内带动全局发展的方针、政策与任务。战略管理最基本的特征有两点:未来导向和着眼于总体的谋略。

战略导向理念在预算绩效评价体系中的实现通过以下三个方面来体现：

第一，为什么进行预算绩效评价？

进行预算绩效评价的目标是提高未来的总体的公共服务水平。

第二，对预算的哪些层面进行绩效评价？

并不是对预算的所有层面都要进行绩效评价，而是评价具有长远意义的、能总体上提升公共服务水平的预算。要以部门预算绩效评价为主，因为部门代表预算在某一方面的总体状况。

第三，如何进行预算绩效评价？

绩效指标应分出评价层次，抓住关键绩效指标，而且，必须进行动态、实时的评价。

需要说明的是，根据战略规划模型（见专栏 9-2），绩效评价只是战略规划管理的一个环节。因此，战略导向理念应该是在战略规划管理的整体中实现的。

（2）结果导向理念的实现。结果被定义为政府战略和预算政策的最终目标。例如，提高生产力和人们的收入水平可以看做是教育支出取得的结果；提高人口的预期寿命可以看做是卫生支出取得的结果。当然，生产力和预期寿命的提高并不完全取决于教育和卫生支出，因为其他因素也会发生影响，但这并不妨碍我们通过结果来分析特定的政府支出如何对成果产生影响。预算评价坚持结果导向理念，给了公共部门更大的自主性与灵活处理的空间，即不管预算的时间与方式如何，只要按照既有承诺保质、保量、及时地完成任务、达到预期成果就可以。

结果导向理念在预算绩效评价体系中的实现通过以下三个方面来体现：

第一，为什么进行预算绩效评价？

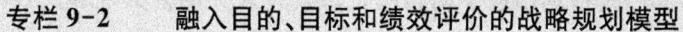

专栏 9-2　　　融入目的、目标和绩效评价的战略规划模型

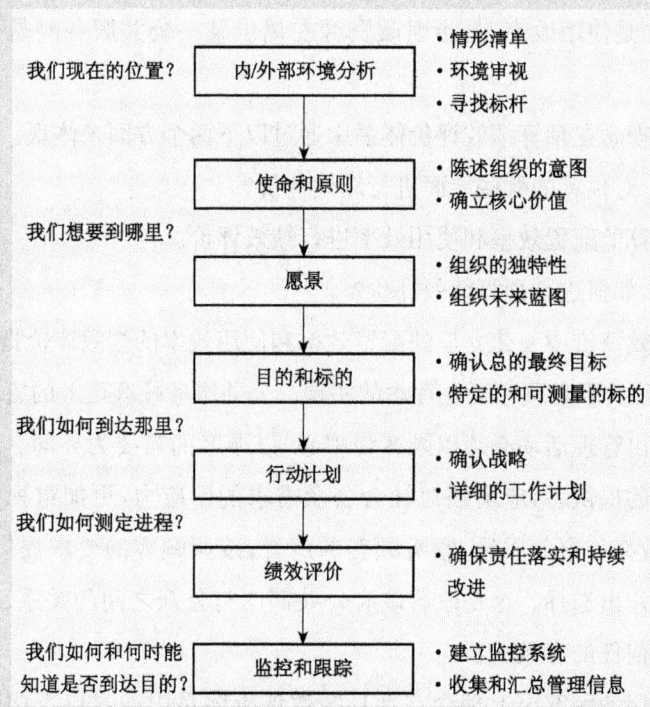

资料来源：刘旭涛：《政府绩效管理：制度、战略与方法》（机械工业出版社 2003 年版）转引的 CAP（2000）Performance Measurement：Concepts and Techniques。

对预算绩效进行评价，以保证实现政府战略和预算政策的最终目标。

第二，对预算的哪些层面进行绩效评价？

对预算具有结果意义的环节进行绩效评价。

第三，如何进行预算绩效评价？

绩效评价指标以结果指标为主。要区分产出与结果，预算绩效评价应是结果导向，用产出来代替结果的做法是错误的。

（3）效率理念的实现。效率是指利用最少的资源消耗实现最大的利益;应用于公共部门是指利用最少的财政资源实现最大的公共福利。效率包括两个方面:一是配置效率,是指财政资源在不同公共服务之间是否有效配置;二是使用效率,是指财政资源在提供某一公共服务时是否有效被利用。

效率理念在预算绩效评价体系中通过以下两个方面来体现:

第一,对预算的哪些层面进行绩效评价?

对预算的配置效率和使用效率进行绩效评价。

第二,如何进行预算绩效评价?

在绩效评价中要建立反映配置效率和使用效率的绩效评价指标。

(4)公共服务顾客至上理念的实现。公共服务顾客至上的管理理念要求政府支出管理活动必须以顾客为中心,以顾客的需要为导向。政府作为公共服务的提供者,应增强对社会公众需求的回应力,更加重视管理活动的产出、效率与服务质量,倾听顾客的声音,按照顾客的要求提供服务,并允许顾客作出选择。这是改善政府公共部门与公众之间的关系、加强公众对政府的信任的有效途径。

公共服务顾客至上理念在预算绩效评价体系中通过以下两个方面来实现:

第一,为什么进行预算绩效评价?

保证预算提供公共服务活动以顾客为中心,满足顾客的公共服务需要。

第二,谁来进行预算绩效评价?

预算绩效评价的主体应代表顾客的利益,因此,评价主体最好多元化。

(5)透明度和法治化理念的实现。透明度和法治化是现代市场经济制度和政府公共预算制度的精髓,当然也是政府预算绩效评估制度的精髓。从市场经济发达国家开展预算绩效评价的经验来看,预算绩效评价作为一项涉及范围广、内容复杂的系统工程,无论是评价工作的组织实施,还是评价结果的具体应用,都必须坚持公开透明的原则,并有强有力的法律制度作保障。

透明度和法治化理念在预算绩效评价体系中通过以下两个方面来实现:

第一,谁来进行预算绩效评价?

预算绩效评价主体的确定和组织体系的选择,应该最大限度地保证预算绩效评价透明度的实现并保证政府与公众之间的信息沟通顺畅。

第二,如何保证预算绩效评价顺利进行?

必须要有完整、系统和严密的预算绩效评价法律、法规和制度。

战略和结果导向设计理念在预算绩效评价体系中的实现总结如图9-1所示。

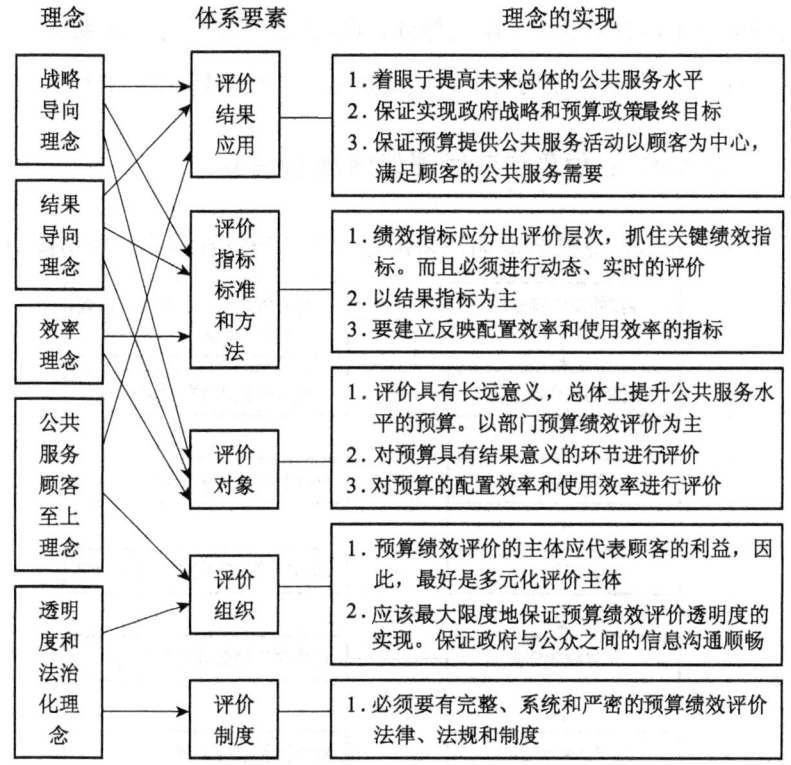

图9-1 战略和结果导向设计理念在预算绩效评价体系中的实现

二、体现战略与结果导向理念的预算绩效评价体系

如上所述,体现战略与结果导向理念的预算绩效评价体系建立,必然要以预算绩效管理战略规划模型为基础。而根据专栏9-2中所建立的战略规划模型,绩效评价只是战略规划管理的一个环节。因此,战略导向理念应该是在战略规划管理的整体中实现。同时,预算绩效评价体系也是构成预算绩效管理战略规划模型的一个环节。

预算绩效评价体系构成预算绩效管理战略规划模型的一个环节,必然要以预算绩效管理战略规划模型为基础的外部体系作为依托而存在,并构成外部体系不可分割的一个组成部分。同时,预算绩效评价体系又具有相对独立性,绩效评价体系的各个组成要素是一个相对独立的内部体系。

1. 外部体系:预算绩效管理战略规划模型

图9-2是依据专栏9-2而重新构建的预算绩效管理战略规划模型。

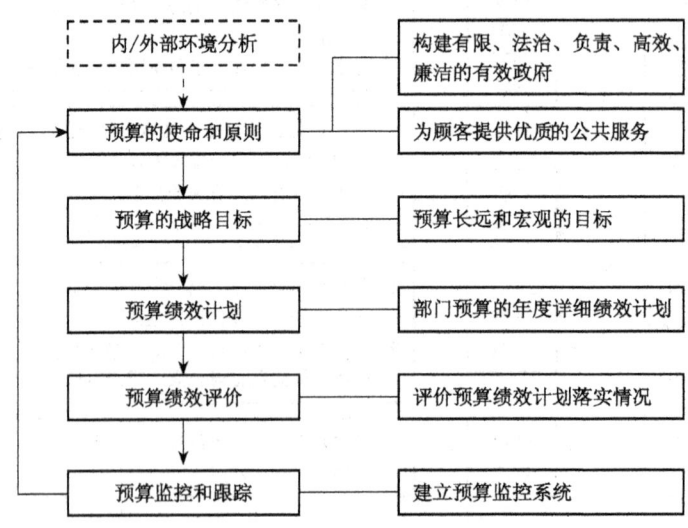

图9-2 预算绩效管理战略规划模型

不难看出,美国《政府绩效与结果法》的主要框架就是基于预算绩效管理战略规划模型而制定的(见专栏9-3)。

专栏9-3	美国《政府绩效与结果法》的主要框架
使命和原则	1. 通过系统地要求联邦政府机构对工作结果承担责任,以改进美国人民对联邦政府能力的信心 2. 将新的关注焦点集中于结果、服务质量以及顾客满意度方面,以此来改进联邦政府的工作效益与公共责任 3. 通过提供更为客观的有关法定目标的信息,以及联邦工作及经费使用效果和效率的信息,以此改进国会的决策 4. 改进联邦政府的内部管理
战略规划	1. 对机关使命的全面陈述 2. 总的目的和目标,包括与结果有关的目的和目标 3. 描述如何达成目的和目标 4. 描述绩效目标如何包括在计划之中 5. 确认对目标的实现可能性产生重要影响的主要外部因素和不可控制的因素 6. 描述计划的评估
绩效计划	1. 建立绩效目标以界定计划活动实现的绩效水平 2. 用客观、量化的、可衡量的形式表述目标 3. 简要描述实现计划目标所要求的运作过程、技能和技术、人力、财力、信息和其他资源 4. 建立绩效指标,以此衡量或评价每一计划活动的相关的产出、服务水平和结果 5. 为比较实际的计划结果和已确立的绩效目标提供基础 6. 描述用以证明和确认可衡量的价值的手段
绩效评价	1. 陈述绩效计划中确立的绩效指标,同时要将实际达成的绩效目标与计划中表达的绩效目标相比较 2. 如果绩效目标是用替代的形式加以说明,这一计划的结果应依据这种特殊要求加以描述,包括绩效是否未能满足最低限度要求的、有效的或成功的计划标准 3. 评估财政年度绩效目标的实现程度,根据达标的绩效来评估本财政年度的绩效计划,解释和描述绩效目标未能实现的原因

资料来源:财政部财政科学研究所"绩效预算"课题组;《美国政府绩效评价体系》,经济管理出版社2004年版;刘旭涛:《政府绩效管理:制度、战略与方法》,机械工业出版社2003年版。

根据预算绩效管理战略规划模型,并参考美国《政府绩效与结果法》,设计预算绩效评价外部体系如下:

第一步:明确政府和预算的使命和原则

(1)通过政府和预算绩效管理,构建有限、法治、负责、高效、廉洁的有效政府,加强政府的执政能力和人民对政府的信任。

(2)坚持执政为民,为顾客(社会公众)提供优质的公共服务。

(3)将绩效的关注点集中于结果、服务质量以及顾客满意度方面。

(4)节约使用财政资源,提高公共资源的配置效率和使用效率。

(5)坚持公开、透明和规范的原则。

第二步:规划预算的战略目标

(1)制定政府和预算的5年总体规划(以我国的5年计划为基础,主要集中于预算方面)。

(2)对部门的使命进行全面的陈述。

(3)分解政府和预算的5年总体规划,说明部门5年规划的目的和目标,主要包括与结果有关的目的和目标。

(4)说明部门如何达成目标,包括说明达成目标所需的管理过程、技能和技术、人力、信息、资本和其他资源。

(5)说明部门规划中包括哪些绩效目标。

(6)说明影响目标实现的外部因素和不可控制因素。

第三步:制定预算的年度绩效计划并签订绩效协议

(1)确立部门的年度绩效目标体系,尽量客观、可量化、可衡量。

(2)说明实现年度绩效目标所需的运作过程、技能和技术、人力、财力、信息和其他资源。

(3)建立绩效指标,评价各项目标活动的产出和结果。以结果指标为主。

(4)提出绩效目标的实现标准,并说明检验和衡量手段。

（5）根据绩效目标,签订绩效协议。

第四步:进行预算绩效评价和报告

（1）年末对实际绩效和计划目标绩效进行比较。

（2）说明绩效目标的实现程度,解释说明绩效目标未达标的原因。

（3）提交绩效评价报告。

第五步:建立和完善预算监控和跟踪体系

（1）在实施过程中对绩效进程进行实时跟踪。

（2）根据绩效协议检查部门的绩效实现情况。

（3）确保实现政府和预算的使命。

2. 内部体系:战略和结果导向的预算绩效评价体系

（1）构建基于战略和结果导向的预算绩效评价制度。根据战略和结果导向设计理念的要求,必须基于战略和结果导向制定完整、系统和严密的预算绩效评价法律、法规和制度,包括两个方面:一是修订现行《预算法》,在《预算法》中体现基于战略和结果导向的绩效预算理念,建立预算绩效评价体系,将绩效评价作为加强预算管理和监督的一种手段;二是在《预算法》之下,制定专门的基于战略和结果导向的预算绩效评价法规,如《预算绩效与结果条例》等,以战略和结果导向设计理念为基础,对预算绩效评价的各个环节作出专门的规定。

基于战略和结果导向的预算绩效评价的实施,将会改变目前的预算分配形式和部门的行为方式。因此,与之相关的一系列法律、法规也必须进行修订。

（2）明确基于战略和结果导向的预算绩效评价对象。战略和结果导向的设计理念,对预算绩效评价的对象体系提出三点要求:一是评价具有长远意义,总体上提升公共服务水平的预算应以部门预算绩效评价为主;二是对预算具有结果意义的环节进行评价;三是要对预算的配置效率和使用效率进行评价。

根据上述三点要求,将预算绩效评价的对象确定为部门的预算绩效状况。以绩效目标为基础,根据绩效协议,考察部门在实现公共服务结果方面实现承诺的程度。同时,要通过财务评价,考察部门预算的配置效率和使用效率。

　　(3)建立基于战略和结果导向的预算绩效评价组织。战略和结果导向的设计理念,对预算绩效评价的组织体系提出了两点要求:一是预算绩效评价的主体应代表顾客的利益,因此,最好是多元化评价主体;二是应该最大限度地保证预算绩效评价透明度的实现,保证政府与公众之间的信息沟通顺畅。

　　第一,要求部门首脑必须与政府首脑签订绩效协议。绩效协议的制定应该充分反映各个主体的建议,特别是顾客(社会公众)的需要。可考虑由社会公众代表、政府首脑代表、财政审计部门、专家委员会、职能部门共同提出部门的绩效协议建议书,由政府首脑确定。

　　第二,政府首脑要委托财政审计部门对职能部门的绩效进程进行实时跟踪。

　　第三,到年终时,由社会公众代表、政府首脑代表、财政审计部门、专家委员会和中介机构共同参与,根据绩效协议对职能部门的绩效完成情况进行评价。绩效报告向社会公众公布。

　　(4)确立基于战略和结果导向的预算绩效评价指标和方法。战略和结果导向的设计理念,对预算绩效评价的结果应用体系提出三点要求:一是绩效指标应分出评价层次,抓住关键绩效指标,而且必须进行动态、实时的评价;二是以结果指标为主;三是要建立反映配置效率和使用效率的指标。

　　根据上述要求,预算绩效评价指标和方法的选择,应从战略上着眼,抓住那些影响支出绩效的全局性、关键性因素,突出结果性指标。平衡记分卡式的绩效评价方法如图9-3所示,从财务、政府运作、公众和改进四个维度来设计政府预算绩效评估指标体系是符合战略与结果导向的预算绩效评价体系设计理念的。

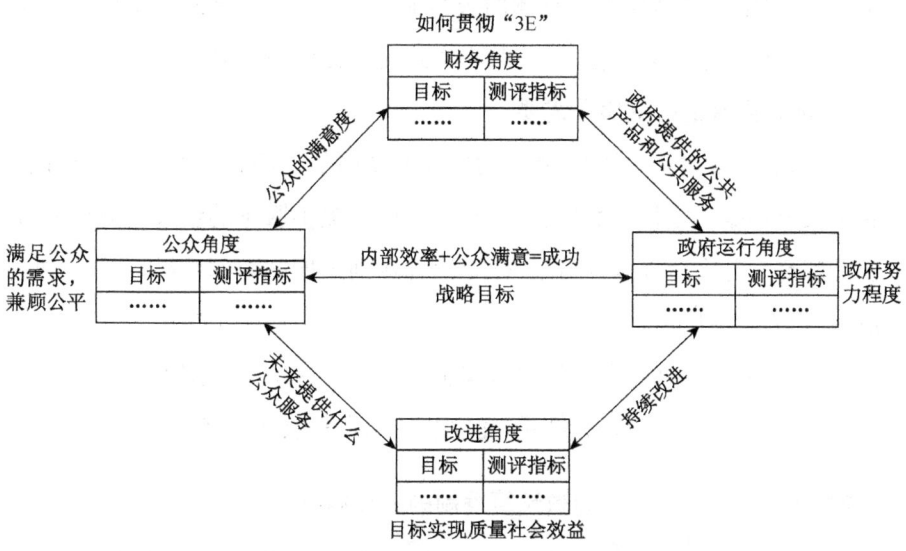

财务角度		政府运行角度	
目标	测评指标	目标	测评指标
合规	国家相关的法规、制度	目标实现程度	政策目标完成率
经济	资金实际支出结构、实际支出占上缴金额比重	成本运作	预算成本、履行职能的标准成本率
效率	资金的到位率、履行职能成本降低率、资金征缴率	资源使用	经费占地方财政总支出比例、经费的支出结构
改进角度		公众角度	
目标	测评指标	目标	测评指标
目标完成质量	政府产出的评价指标	公众满意度	公众满意度
社会效益	政府效益的评价指标	公平	与社会平均水平的比较
		公共产品(公共服务)的质量	公共产品(公共服务)的使用率

图 9-3　基于战略和结果导向的政府公共支出绩效评估指标平衡计分卡

（5）确立基于战略和结果导向的公共支出绩效评价结果应用。战略和结果导向的设计理念,对公共支出绩效评价的结果应用体系提出了三点要求:一是着眼于提高未来的总体的公共服务水平;二是保证实现政府战略和公共支出政策最终目标;三是保证公共支出提供公共服务活动以顾客为中心,满足顾客的公共服务需要。

首先,应该建立连续的、随时的反馈并及时予以纠正的监控运行机制,它不仅要根据预定目标衡量、评价所实施项目提供服务的结果、影响,而且要能解释为什么所采取的措施、行为没有达到预期的全部目标,分析是非、成败、得失的原因。

其次,要编制并公布部门的运作状况、服务成效的绩效评价报告。

最后,要根据绩效评价结果,建立绩效问责和激励机制程序。

专栏9-4   绩效预算编制的主要内容

(1)明确部门的任务和目标。绩效预算编制的第一个步骤是要求部门领导者对本部门的任务和目标作出清晰的界定,具体包括制定部门年度战略目标、明确达到目标的途径和手段以及设定衡量部门业绩的指标体系等。通常情况下,部门的任务和目标已经存在,但仍然有必要对其进行重新审视,对由于部门内外部环境变迁而导致的部门目标或任务的变化要作出充分的评估,必要时可依据环境的变化为部门设定新的目标或使命。部门在每一预算年度开始时都要知道自身的工作目标,以及为实现部门目标所必须完成的任务。因此,明确部门的任务和目标是绩效预算编制的基础和前提。

(2)细化战略目标,制订行动计划,提出预算需求。各部门的绩效目标在组织形式上类似于金字塔结构,位于塔顶的是各部门的年度总战略目标,在明确年度总目标的基础上,各部门还需要把战略目标进一步细化为具体的项目或产出目标,并依据这些细化的项目或产出目标制定详细的行动计划和资金预算。资金预算包括相关项目的人员费用标准、资本的单位成本和价格指数的变化情况等信息,主要用于评估项目的平均成

本和边际成本。完成这些工作之后,部门就初步作出了各自的预算支出计划,据此提出部门预算需求。

　　(3)审核部门的预算。财政部门或政府预算管理相关的职能机构在收到各部门提交的预算拨款申请之后,一般会安排审核员对部门的申请进行初审。审核员会根据宏观经济运行的各项统计指标和预测,结合该部门的战略目标,在综合税收收入等因素之后,对部门预算申请提出审核意见。如果需要,审核员可能会要求部门提供更为详细的支出说明书。通常情况下,初审意见会返回到相应部门,部门根据初审意见结合自身的实际需要,接受审核意见或提出异议。如果接受,在规定时间内编制形成该部门新财年的支出预算;如果不接受,部门还需就审核意见中提出的问题,作出自己的说明,以争取部门的权益。这一过程通常需要几次反复。

　　(4)预算的批准和确认。在规定的时间之前,部门和财政部门在经过反复审核和讨论之后,最终会就该部门的预算申请达成一致。部门新财年的预算支出得以确认,并按照批准确认的预算进行资源配置。

　　资料来源:白景明、赵新国、李成威、马洪范:《广东南海模式与建立中国式绩效预算》,中国财政经济出版社2010年版。

三、预算绩效报告[①]

1. 预算绩效报告的目标和对象

　　作为有效的沟通工具,预算绩效报告的目标是为满足各级管理者进行

---

　　① 白景明、赵新国、李成威、马洪范,《广东南海模式与建立中国式绩效预算》,中国财政经济出版社2010年版。

有效的沟通、控制、决策和业绩考评需要,而提供各种有用的信息。这些信息完整地反映了受托经济责任的履行情况,同时也满足了内部各级管理者进行内部沟通、控制、决策和业绩考评的需要。从预算绩效报告的目标来看,预算绩效报告的对象是指预算绩效报告核算和控制的客体,即政府提供公共产品与服务过程中资源的耗费、占用和成果。

2. 预算绩效报告的特征

预算绩效报告的目标决定了有用性应作为预算绩效报告最重要的质量特征,这里的有用性是指沟通有用性、控制有用性、决策有用性和业绩考评有用性。此外,预算绩效报告信息还应具备一系列其他特征,它们可以看成是对信息质量的分层次的要求。

(1)可理解性。可理解性要求预算绩效报告所提供的信息清晰、简明、易懂,消除不必要的复杂性和技术细节,这样有助于更好地进行控制,这是对预算绩效报告信息的最基本要求。

(2)相关性。要想达到有用性,所提供的信息必须具有相关性。相关性是预算绩效报告信息的主要质量特征。预算绩效报告是提供给决策者用于沟通、控制、决策和业绩考评的。凡具有相关性的信息,必然具有预测价值和反馈价值。相关性决定了所提供的信息必须具有及时性、选择性和责任性。其中,及时性是指信息流通应当及时,以在事件完全成为历史之前,采取一切必要的控制行动;选择性是指各级管理者在控制过程中应识别与本部门业绩有关的关键因素;责任性是指信息必须能够有助于负责人解决三个问题:知道应该达到什么;知道已经达到什么;知道正在发生什么。

(3)可靠性。可靠性是指确保预算绩效报告中的信息不出现错误和偏差,并能忠实于它所反映的现象或状况的质量。可靠性要求所报告的实际业绩信息要具有准确性、中立性。其中,准确性要求预算绩效报告的信息应当与所要表达的现象或状况保持一致或吻合,预算绩效报告信息若不能真实反映所计量的经济事项,就不具有可靠性。在一个报告系统中,计量什么、如何计量要十分清楚。中立性是指数据对不同信息使用者的影响是没有偏见的。中立性是一个理想的目标,特别是当用数据来进行业绩考评或作为分配资源、解决争端的根据时,就更应如此。

（4）可行性和可比性。可行性是指报告具有很强的针对性,报告提供给越高层次的决策层,信息就要求越概括。可比性用来表明两个或几个信息之间的对比关系,可比性要求揭示出重要的趋势和数据之间的关系。预算绩效报告信息质量的层次如图9-4所示。

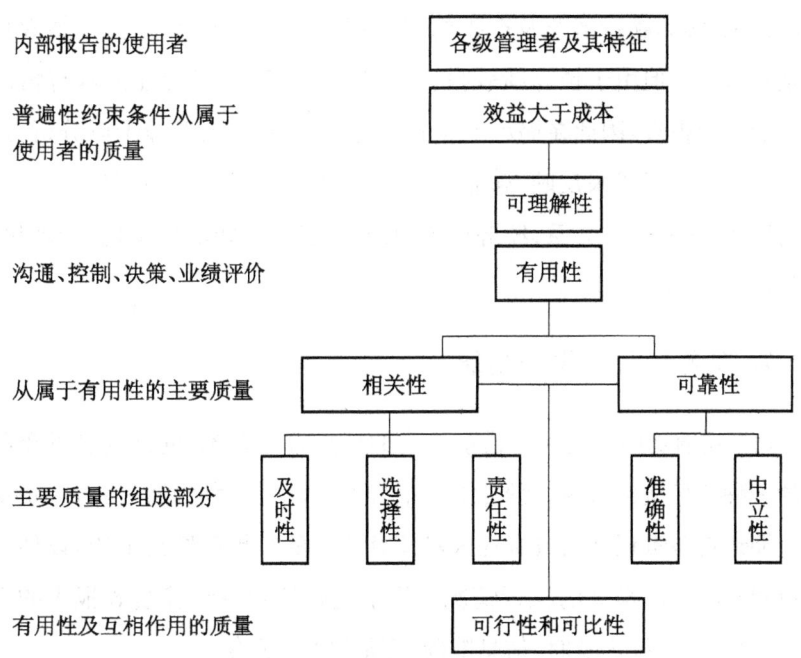

图 9-4　预算绩效报告信息质量的层次

资料来源:白景明、赵新国、李成威、马洪范:《广东南海模式与建立中国式绩效预算》,中国财政经济出版社 2010 年版。

3. 预算绩效报告的内容和形式

预算绩效报告的主要内容首先包括控制标准和实际执行情况之间产生的差异(计量差异)。除此之外,应根据重要性原则对重大差异作进一步的定量和定性分析(分析差异原因),确定其是否正常,并确定相关责任,以便对责任部门或责任人进行业绩考评。预算绩效报告内容中最具建设性的内容是有关缩小差异的建议,这些建议主要包括两个方面:一方面是在履行职责中如何控制差异的建议;另一方面是根据客观环境的变化,如何及时恰当地调整责任衡量标准的建议。

预算绩效报告的形式通常有报表、图表、数据分析和文字说明等。将控制目标、实际履行情况及产生的差异用报表予以表示,是预算绩效报告的基本形式。但由于预算绩效报告是对各责任部门或责任人履行情况所作出的专门报告,因此在揭示差异的同时,必须对重大差异予以分析,这时可以用图表的形式来反映,包括统计曲线、图形以及传统的表格。通过图表的形式,各种经济关系、经济趋势和经济比较,就能够形象化、清晰化、一目了然,从而更易于把握。

4. 预算绩效报告的功能

(1) 沟通功能。沟通是借助一定的信息符号系统,进行信息发布和接收的一种信息交换行为。预算绩效报告本身就是一种沟通工具,它定期或不定期地将各责任部门或责任人对预算执行的结果反馈给上级,以便上层决策者及时了解预算的执行情况。为了更好地发挥预算绩效报告的沟通功能,要求必须报告及时、信息准确、完整以及可理解。

(2) 控制功能。控制是监督各项活动,以保证它们按计划进行并纠正各种重大偏差的过程。预算绩效报告作为管理控制系统的反馈系统,其控制功能主要体现在:对正在发生的错误,采取挽救措施;对已经发生的错误,指导管理部门查找原因,努力减小损失程度;准确判断过失是怎样产生的,提出可以避免这类过失重犯的方法;找出相关的责任人。

(3)决策功能。所谓决策,是为实现一定目标,在两个以上的备选方案中,选择一个方案的分析、判断过程。在这一过程当中,管理者必须掌握充分的信息,进行严密的逻辑分析,才能在多个备选方案中选择一个较理想的方案,而预算绩效报告正是其所需信息的一部分。预算绩效报告作为管理控制系统的反馈系统,是进行下一轮决策不可缺少的组成部分。

(4)业绩考评功能。业绩考评是决策者运用一定的指标体系,对组织的整体运营效果作出概括性考评以及对相关责任人的工作效果进行考评的过程。预算绩效报告正是预算执行过程和结果的反馈,它的业绩考评功能体现在:整体的预算目标是否实现;各预算单位在预算目标实现过程中的贡献大小;各相关责任人在预算目标实现过程中的贡献多少等。

5. 预算绩效报告的运用

预算绩效评价所产生的信息需要及时地反馈到部门支出决策的过程中,只有这样才能确保预算绩效评价真正促进各级政府部门绩效的提高,而这一传达过程是通过信息反馈系统完成的。

反馈控制是最常用的管理控制方式,这个反馈系统不单单把管理控制看成确定标准、衡量业绩和纠正偏差的工作,还包括更为复杂并切合实际的作用。与实时控制和前馈控制相比,反馈控制系统的优越性体现在以下两点:第一,反馈控制提供了计划执行效果的真实信息。如果反馈显示现实与标准偏差很小,说明计划目标已经达到。第二,反馈控制可以增强员工的积极性,因为人们希望获得考评他们绩效的信息,而反馈正是提供了这样的信息。但反馈控制系统的缺陷即管理者获取信息的滞后性也是很明显的,在管理者得到实际执行情况的信息反馈时,损失可能已经发生了,只能采取"亡羊补牢"式的纠正措施。

第十章

规范地方政府性债务管理

由于长期存在储蓄率过高、融资渠道单一等问题,在发展转型期,地方政府性债务不断积聚。国务院及时出台了一系列加强地方政府性债务管理措施,取得了一定效果。目前我国政府性债务风险总体可控,但有的地方也存在一定的风险隐患。全面规范地方政府债务管理是当前一项重要任务。改革总的要求是,疏堵结合,开明渠、堵暗道,加快建立规范合理的地方政府债务管理及风险预警机制。

通过依法建立以政府债券为主体的地方政府举债融资机制,剥离融资平台公司政府融资职能,严格限定地方政府举债融资权限和用途,解决"怎么借"的问题;通过对地方政府债务实行限额控制,一般债务和专项债务分类纳入预算管理,接受人大监督,解决"怎么管"的问题;通过厘清政府和企业的责任,向社会释放正确信号,谁借谁还,坚决防范将企业债务推给政府,以增强借债者的风险意识,建立、健全债务风险预警及应急处置机制,防范和化解债务风险,解决"怎么还"的问题。同时,推行权责发生制的政府综合财务报告制度,建立、健全考核问责机制,探索建立地方政府信用评级制度。①

---

① 本章部分内容是作者参与财政部财政科学研究所课题"'十二五'时期我国地方政府性债务压力测试研究"的研究成果,感谢刘尚希研究员、赵全厚研究员、张立承研究员、孟艳研究员和封北麟研究员的指导和建议。

一、地方政府性债务风险和财政风险凸显

1. 地方政府性债务问题突出

企业和地方政府高负债是目前摆在中国经济面前的两颗"定时炸弹"。中国经济增速放缓引发全球关注,但现在更令各国不安的恐怕是中国近年来不断飙升的债务水平。根据咨询机构麦肯锡最新发布的一份报告,中国在 2008 年全球金融危机后的整体债务水平暴增 4 倍,目前中国债务占 GDP 比例高达 282%,这个比率比美国还高。债务占 GDP 的比例高意味易受到危机冲击。报告中警告,债务增长导致中国正面临包括房地产业、地方政府融资以及快速扩张的"影子"银行体系三大经济风险,未来中国经济想要顺利软着陆,恐怕没有想象中的顺利。①

尤其是地方政府债务问题更为突出,且在财政收入增速放缓而支出刚性增大的背景下,地方政府偿债压力会进一步加大。企业和地方政府高负债背后反映出金融结构的扭曲,社会融资效率低,同时也说明金融资源的使用效率很低,需要越来越多的货币来推动低效的增长。

2. 地方政府性债务规模、结构及债务负担变化情况②

根据审计署公布的 36 个地方政府本级政府性债务审计结果,截至 2012 年年底,36 个地方政府本级政府性债务余额 38 475.81 亿元(政府负有偿还责任的债务 18 437.10 亿元、政府负有担保责任的债务 9 079.02 亿

---

① http://forex. hexun. com/2015-05-12/175727958. html.

② 审计署:《36 个地方政府本级政府性债务审计结果》(2013 年第 24 号公告)。

元、其他相关债务10 959.69亿元),比2010年增加4 409.81亿元(其中12个地方政府本级减少1 417.42亿元,24个地方政府本级增加5 827.23亿元),增长12.94%。从债务形成年度看,2010年及以前年度举借20 748.79亿元,占53.93%;2011年举借6 307.40亿元,占16.39%;2012年举借11 419.62亿元,占29.68%。

从债务举借主体看,2012年年底债务余额中,融资平台公司、地方政府部门和机构举借的分别占45.67%和25.37%,它们仍是主要的举借主体。融资平台公司和其他单位债务余额增长较大,分别比2010年增加3 227.34亿元和1 295.72亿元,增长比率分别为22.50%和32.42%。

从债务资金来源看,2012年年底债务余额中,银行贷款和发行债券分别占78.07%和12.06%,仍是债务资金的主要来源。2012年年底银行贷款余额比2010年增加1 533.96亿元,但所占比重下降5.60个百分点;发行债券、其他单位和个人借款增长较大,分别比2010年增加1 782.13亿元和1 308.31亿元,增长比率分别为62.32%和125.26%,其中发行债券中的短期融资券和中期票据增长比率达113.40%。

从债务资金投向看,用于交通运输、市政建设、土地收储、教科文卫、农林水利建设、生态建设和环境保护、保障性住房等支出的占已支出债务额36 434.47亿元的92.14%。用于交通运输、保障性住房、土地收储和市政建设的债务支出增长较大,分别比2010年增加3 295.45亿元、720.68亿元、652.83亿元和407.74亿元,增长比率分别为30.29%,141.47%,21.15%和4.15%。

从债务率(债务余额与地方政府综合财力的比率,为衡量债务规模大小的指标)看,36个地方政府本级中,有24个地区2012年政府负有偿还责任的债务率比2010年下降;如加上政府负有担保责任的债务,有31个地区债务率比2010年下降。但仍有10个地区2012年政府负有偿还责任的债务率超过100%;如加上政府负有担保责任的债务,有16个地区债务率超过 100％。

从偿债率(当年还本付息额与地方政府综合财力的比率,为衡量当期偿债压力的指标)看,36 个地方政府本级中,有 13 个地区 2012 年政府负有偿还责任债务的偿债率比 2010 年下降;如加上政府负有担保责任的债务,有 18 个地区偿债率比 2010 年下降。但仍有 14 个地区 2012 年政府负有偿还责任债务的偿债率超过 20％;如加上政府负有担保责任的债务,有 20 个地区偿债率超过 20％。

从逾期债务率(逾期债务额占债务余额的比重)看,36 个地方政府本级 2012 年政府负有担保责任的债务和其他相关债务的逾期债务率分别为 0.59％和 0.75％,分别比 2010 年上升了 0.16 个百分点和 0.48 个百分点。

部分地区债务规模增长较快,一些省会城市本级的债务风险凸显。36 个地方政府本级中,有 11 个省本级和 13 个省会城市本级 2012 年债务规模比 2010 年有所增长,其中 4 个省本级和 8 个省会城市本级债务增长率超过 20％。一些省会城市本级债务率和偿债率指标偏高,2012 年,有 9 个省会城市本级政府负有偿还责任的债务率超过 100％,最高的达 188.95％,如加上政府负有担保责任的债务,债务率最高的达 219.57％。有 13 个省会城市本级政府负有偿还责任债务的偿债率超过 20％,最高的达 60.15％;如加上政府负有担保责任的债务,偿债率最高的达 67.69％。由于偿债能力不足,一些省会城市本级只能通过举借新债偿还旧债,5 个省会城市本级 2012 年政府负有偿还责任债务的借新还旧率超过 20％,最高的达 38.01％。14 个省会城市本级政府负有偿还责任的债务已逾期 181.70 亿元,其中 2 个省会城市本级逾期债务率超过 10％,最高的为 16.36％。

3. 财政可持续性和财政风险堪忧

目前,虽然我国财政风险总体可控,但财政可持续性和财政风险问题堪忧。

按照全国两会通过的 2015 年中央和地方预算草案,2015 年中国财政赤字率约 2.3%,比 2014 年提高 0.2 个百分点,赤字规模为 1.62 万亿元,比 2014 年增加 2 700 亿元。由于口径变化,实际上多出了 2 000 多亿元可安排支出,如果按当年的收支差额计算,赤字率差不多是 2.7%。[①]

财政是国家治理的基础和重要支撑,而国家治理的实质是公共风险治理。财政通过公共收支来治理公共风险,这一过程是将分散的公共风险集中为财政风险,相当于用财政风险置换公共风险,将分散风险点置换为单一风险点,避免公共风险扩散。公共风险的扩大可能产生财政风险,从这个意义上来说,财政风险是治理公共风险的政策工具。根据未来的公共风险的预测,要实现公共风险最小化目标,到 2020 年年均财政支出至少应达到 12.0% 的水平,而财政收入增速适当降低。以 2015 年为例,全国一般公共预算支出 171 500 亿元,增长 10.6%。若增速为 12.0% 的话为 173 671 亿元。全国一般公共预算收入 154 300 亿元,增长 7.3%,若增速为 7% 的话为 153 869 亿元,加上预算调节基金 1 000 亿元,可安排的收入增量为 154 836 亿元。这样计算的话,赤字为 18 835 亿元,比原计划 162 00 亿元增长 2 635 亿元,原计划 2.3% 的赤字率提高到 2.67%。以此类推,我们可以计算出到 2020 年的各年赤字和赤字率如表 10-1 所示。

表 10-1　　　　　　2015—2020 财政赤字和赤字率展望　　　金额单位:亿元

年份	2015	2016	2017	2018	2019	2020
财政收入	154 836	165 605	177 127	189 456	202 648	216 763
财政支出	173 671	194 512	217 853	243 995	273 275	306 068
财政赤字	18 835	28 907	40 726	54 540	70 627	89 305
赤字率	2.67%	3.84%	5.05%	6.32%	7.65%	9.04%

---

① 楼继伟:在中国财政学会 2015 年年会暨第 20 次全国财政理论讨论会上的讲话。

如表 10-1 所示,"十三五"期间我国财政赤字最高有可能达到 9% 的水平,对财政可持续和财政风险构成巨大的压力。

二、将地方政府性债务管理纳入国家债务管理范畴

1. 设立全国性的政府性债务管理专门机构

在强化地方政府性债务管理的过程中,要从全局的角度考虑问题。地方政府债务管理不仅仅是地方政府本身的问题,还要纳入国家整体政府性债务机制建设、债务风险分担体制机制建设和政策规范体系,为逐步构建规范有序的政府债务管理体系奠定良好的基础。

从国外的情况来看,一些国家设立了全国性的政府债务管理专门机构,负责对国家债务(包括中央政府债务和地方政府债务)的监督、管理和内部协调,并作为地方政府债务管理的职能部门。例如,澳大利亚的借款委员会对中央政府借款和各级地方政府借款进行协调管理。法国在经济和财政部的国库司设立了"债务管理中心",负责对各级政府的资产和负债情况进行日常监督和管理,确保各级政府债务能够及时偿还并履行对欧盟承担的义务。该中心设立在执行监督公共收支和具有协商制定货币政策职能的国库司,有利于国家制定综合的政府债务管理政策和财政风险防范措施,促进财政政策与货币政策的相互配合。

从我国的情况来看,设立全国性的政府性债务管理专门机构,负责包括地方政府债务在内的所有政府性债务的监督、管理和内部协调,很有必要,有利于解决目前地方政府性债务的混乱问题,从整体上化解政府性债务风险。

2. 构建以财政为枢纽的政府投融资预算约束机制

以财政为枢纽的地方政府投融资预算约束机制要求在公共领域内,财政应该代表政府实行科学理财的观念。其中包括:①财政集中管理政府所有公共收入,其中包括税收收入、非税收入和公债融资,即实现预算的完整性和统一性。因为只有这样,才能有助于规范政府公共收入秩序和融资行为,才能集中政府财源、提高财政能力、增强政府财政的回旋余地,体现集中力量办大事的原则;②在政府投融资管理方面,在公共财政原则下,不仅各政府公共部门和公共企业的投融资行为和资金管理均由财政统一管理和监管,而且债务资金的投向和投资方式也均纳入公共财政的统筹之中。这样,才能较为充分地提高政府对社会公共服务的财政保障能力,才能有效实现政府投资需求和融资管理的均衡匹配,有效地防范和杜绝债务风险。为此,财政部门应根据政府投资计划编制财政投融资的预、决算,加强对政府性债务借、用、还全过程的管理和监督。

3. 构建地方政府性债务预算

将地方政府性债务纳入预算管理是控制地方政府性债务盲目扩展和防范债务危机的主要措施。国务院在《关于加强地方政府融资平台公司管理有关问题的通知》也曾明确提出,要把地方政府债务收支纳入预算管理,以逐步形成管理规范、运行高效的地方政府举债融资机制。鉴于我国地方政府性债务大多数通过融资平台公司举借,因此在构建地方政府性债务预算制度时可以考虑将经过规范重组认定的地方政府融资平台也作为法定预算单位纳入预算管理监控。这一方面能够使债务预算范围实现"全覆盖",另一方面有利于规范整合地方政府融资平台,为构建规范、高效的地方政府举债融资机制奠定预算管理基础。

4. 防范地方隐性债务的显性化

尤其是对基本养老金保险的缺口,要合理预判,尽早防范。目前,我国政府已经意识到这一问题的严重性,在 2000 年就已经建立了全国社会保障基金,通过日常性的资金积累和基金的投资运作来不断地缩减这一缺口。截至 2010 年,全国社会保障基金的资产总额为 8 566 亿元,假设我国基本养老保险基金在 2020—2050 年的资金缺口为 6 万亿元,同时假设在此期间我国 2010 年前结余的基本养老保险基金 1.5 万亿元也全部支出,那么,即使扣除目前积累的全国社会保障基金,我国基本养老保险基金还存在缺口约为 36 000 亿元,如果在 2011—2020 年进行积累,平均每年需要积累 3 600 亿元。

三、有效构建地方政府性债务风险预警和防范机制

1. 逐步构建地方政府债务融资合理空间的评估体系

有效的地方政府性债务风险预警和防范机制不仅体现在事后监控,还要注重把握事前监管。我们认为,在目前的行政管理体制框架下,逐步构建地方政府债务融资的合理空间评估体系是可行的、必要的。所谓合理的融资空间大体来说就是基于当地的社会经济发展情况(如城市化、工业化水平,人口规模,GDP,财政收支规模与结构,公共资源的禀赋及其合理利用状况等)和地方政府负债状况、偿债准备情况、信誉水平等因素,经过量化分析评估后给出一个在未来年度当地政府为开工新项目进行再融资的合理规模。科学合理的融资空间评估机制能够指导和约束地方政府的再融资行为,在一定程度上能够克服目前存在的"新官不理旧账"的问题,有

助于实现地方政府融资行为的可持续发展。

"十二五"时期是全面建设小康社会的关键时期,为深化改革开放,满足不断增长的公共服务需求,政府部门需要密集出台大量的支持政策和措施,实施这些政策措施通常代表着一定的财政支出,需要相应的财力保障。为让有限的政府财力发挥最明显的经济社会效果,同时保证财政可持续性运转,不仅要明确重大政策导向,根据各项政策措施的轻重缓急进行适宜安排,而且要考虑公共资源和政府财政资源的承载能力。因此,应建立针对各项政策或改革措施的财政风险评估制度,把财政风险作为一项约束条件纳入政府决策分析环节,综合权衡各项政策措施的可行性。推行地方政府债务融资合理空间与财政风险评估制度,主要体现在以下三个方面:①量化各项政策措施在未来不同时期的财政成本和财政压力,预测可能产生的财政风险;②对财政风险评估情况进行汇总,纳入政府的中长期预算之中,量力而行地实施各项政策或改革措施;③控制赤字和债务的增长速度,并使之尽可能低于经济增长率,以防止财政风险的产生和扩散。这样,才可以防范因盲目性而带来的过度负债,实现对财政成本的总量控制、对财政风险的整体约束,也为各项政策措施的持续实施提供一个清晰的预算保障,强化政府政策或改革措施的科学性、可行性和连续性,减少决策失误。

2. 强化地方政府性债务的风险预警机制

地方政府债务风险预警系统是在对债务进行定性和定量分析的基础上,利用计算机、网络等现代化工具和各种技术手段,收集各类与债务风险相关的数据,构建评估地方政府债务风险的指标体系,并建立地方政府债务风险预警模型,从而评估、预警地方政府债务风险程度,最终为各级政府监控地方政府债务运行和制定化解风险的对策提供科学依据。在这方面,可以借鉴哥伦比亚的债务预警体系,逐步构建结合我国实际的机制来管控地方政府性债务(见专栏 10-1)。

专栏 10-1   **哥伦比亚的债务预警体系**

为了控制和管理地方政府债务,在 1993—1997 年,哥伦比亚政府建立了"红绿灯"系统,该系统将每个地方政府的债务与其偿付能力联系起来,用"红绿灯"两个指标来预警中央政府所要承担的潜在的额外地方债务。第一个指标是利息支出与"操作性盈余"的比率,反映地方政府资金的流动性。第二个指标是债务余额与当年收入的比率,反映中长期债务的可持续性。面临黄灯和红灯的地方政府只有在财政部的批准和满足贷款人所要求的绩效时才能进行借款。绩效是有关收入的增加、支出的削减、当年盈余和债务状况等的一系列目标的规定。

哥伦比亚对地方债务的"红绿灯"系统(预警系统)

指　　标	绿　　灯	黄　　灯	红　　灯
流动性指标 (利息支出/ 经常性盈余)	＜40％	40％～60％	＞60％
偿债能力指标 (债务余额/ 经常性收入)	＜80％	＜80％	＞80％
借款规定	地方政府可以自行签订新的借款合同	如果债务增长未超过中央银行制定的通货膨胀目标,地方政府可以自行举债。否则,必须接受财政部的授权,前提是要与贷款方的金融机构签订业绩合同	必须接受财政部的授权,借款政府还需要与贷款方的金融机构签订业绩合同

注:经常性盈余定义为经常性收入减去经常性支出(不包括利息支出)和对下级政府的转移支付。经常性收入主要包括税收、非税收入、中央政府的转移支付、中央与地方政府之间的收入分成和利息收入等,经常性支出包括工资、社会福利和社会保障支出。

资料来源:李萍等《政府间财政关系图解》,中国财政经济出版社 2006 年版。

3. 加快建立偿债基金制度

为缓解地方政府偿债压力,确保偿还地方债的财源,地方政府应当建立偿债准备金制度。在借鉴国际经验的基础上,可以根据我国地方政府性债务警示程度的不同,相机设定级别不同的政府偿债基金制度。偿债基金的来源可以多元化,如地方政府税收(尤其是没有财政超收部分)、上级政府的转移支付、负债融资一定比例(如5%)的预扣、各种资源性资产性收入等。为了督促地方政府积极主动设立偿债基金,建议将偿债基金制度的设立状况作为一个重要因素纳入地方政府债务融资合理空间评估体系之中,以确保地方政府债务融资的可持续发展。

4. 构建系统化的政府性债务风险监管框架和责任机制

预算软约束是刺激地方政府寻求预算外资金和过度借款的重要因素,防控财政风险必须防止"预算软约束",为此,针对政府性债务风险状况的监管框架和责任考核机制必不可少,尤其是我国地方政府已经公开发行债券的情况下,地方政府偿债风险会产生广泛社会影响,更要加强对政府性债务风险的监管和责任考核,树立良好的政府信誉。地方政府性债务风险监管框架至少包含两个方面的内容:第一是针对地方政府的预防性债务事前规则,有效管理从预算外的融资工具和其他隐性债务中产生的财政风险,明确各种债务工具的目的、种类和限制,以及有关的发行程序;第二是在地方政府无法清偿债务的情况下,建立正常合理的事后债务重组机制,帮助借款人和贷款方稳定预期,强化硬预算约束。

除了明确事前规则和事后解决方案,地方政府性债务风险监管会涉及多个环节、多元主体,是一项系统性的工作,因此,还必须明确各个风险责任主体及其责任并使之制度化,打破"风险大锅饭",建立政府性债务风险责任考核机制,形成利益与风险相对称的约束制度,防范道德风险。

（1）清晰界定各级政府之间的风险责任，防止下级政府道德风险，避免其可以随意地向上级政府转移自身应当承担的政府性债务风险。对于最低限度的不可避免的救助，应建立一种制度安排，让下级政府清楚地了解在什么样的情况下上级政府才会救助，强化各级政府规避风险的动机，提高其防范风险的努力程度。

（2）推行针对高层级地方政府（如省级）的辖区政府性债务风险责任考核机制，对各级地方政府的责任考核应包括整个辖区内的政府性债务风险状况，避免高层地方政府只顾本级政府财政可持续运行，对下级地方政府的债务困境或冒险行为视而不见，导致县乡等基层财政风险层层转移，最后本区域都难以解决，只能由中央兜底。

（3）在优化政府各部门职责配置的基础上，重新审视政府部门之间的财政关系，明确各个部门的风险责任。对于地方财政参与融资、担保等经济行为应在统一的框架下实施，建立统一的规则，防止各个部门各行其是，偏离整体的目标。

（4）对于地方政府下属的国有企业和非营利组织，既要有明确的授权，也要有清晰的可操作的风险责任，使其在经营权的层次上形成利益与风险的对称机制，防止其凭借政府信用无节制地举债，成为政府部门需要承担的隐性债务。

（5）建立新的政府评价机制，从时间上明确各届政府之间的风险责任，防止政府隐藏任期内的风险，或向未来转移风险。

（6）加强金融监管，消除供给方"纵容性贷款"，明确对银行、政府债券购买者等资金供给方的责任。它们向政府提供贷款和资金的活动属于市场化的投资行为，应在事前进行风险评估，及时监督或关注政府财政风险状况，并最终承担自行决策所带来的相应投资风险。

四、对地方政府性债务进行综合治理

1. 转变经济发展方式，为缓解地方政府性债务风险压力提供良好的外部条件

过去的30多年中，我国经济一直保持持续高增长的态势，工业化和城镇化的快速推进是我国这些年经济社会发展的一个不可磨灭的巨大成果。良好的外部经济环境和内部相对丰裕和廉价的资源为这种超常规的发展奠定了基础。经济的快速增长已经内生为社会发展的迫切要求和政府作为的积极表征。但是，制造业的低端扩张，能源的低效利用和浪费、生态环境的破坏、社会贫富分化加剧，以及创新能力不足等诸多社会、经济矛盾并没有被高速增长所掩盖和消除，而是在不断地蓄积爆发的能量。我国已存的数额庞大的地方政府性债务和潜在的财政危机正是这些矛盾在政府层面的必然结果和表现，是多年来地方政府在主动和被动迎合这种增长潮流的过程中滋生的一个潜在病灶，并且在应对2008年全球经济危机的过程中进一步恶化。

全球经济仍将处于缓慢复苏期，存在"二次探底"的风险，在这样的国际环境中，中国经济已经失去了做大经济总量的条件，争取速度就是赢得发展机遇的良好外部环境。"刘易斯拐点"①的到来和人口福利的下降、能源价格的持续上涨和资源紧张、生态环境的恶化使得发展的内部环境日益恶劣，继续追求经济的高速增长代价过高且不可持续。地方政府和国民心

---

① 刘易斯拐点，即劳动力由过剩变为短缺的转折点，是指在工业化过程中，随着农村富余劳动力向非农产业的逐步转移，富余劳动力逐渐减少，最终枯竭。刘易斯拐点由诺贝尔经济学奖得主刘易斯在人口流动模型中提出。

态上应当放弃"做大蛋糕"的理念,适当降低经济增速,将社会资源从低层次的再扩大生产中节约出来,用于创新能力的培育和产业结构的优化升级。这种短期的降速可以为长期的良性增长奠定坚实的基础。保持合理经济增速,在地方政府层面,也有助于各级政府从做大经济总量的竞争中抽身出来,将有限的财力更多地用于优化发展环境的民生事业,为区域经济的持续增长积蓄能量和创造空间。同时,缓解当前地方政府的支出压力,释放急剧增长的政府性债务风险。可持续的经济成长性也意味着地方政府未来偿债能力的提升,即使目前债务水平高,随着经济良性增长,投资者信心增加,未来政府债务压力和财政风险也会趋于下降。因此,要进一步加快经济发展方式的转变,保持合理增长速度,为地方财政可持续性奠定良好基础。

此外,保持合理增长速度需要宏观调控具有前瞻性。政府的宏观调控会对整体经济、财政和金融局势造成影响,形成地方政府运转的外在环境,对地方政府筹集资金的能力形成约束。在经济运行的大起大落的环境中,地方政府的收支状况会变得不可预期和不稳定,资金调配的压力会陡然上升,容易导致地方政府投资项目的资金链断裂,产生流动性风险,催发债务危机和财政风险。历史经验表明,宏观经济调控的重大失误往往会对经济危机(包括主权债务危机)的爆发起到推波助澜的作用,甚至成为导火索。我国正处于经济转型过程中的"矛盾凸显期",国内外形势复杂多变,宏观调控工作的难度不断加大,稍有不慎就可能引发经济运行不稳定,这就要求政府调控部门要以前瞻性的战略眼光科学制定调控措施,避免政策因失调或超调而加剧经济的周期性波动幅度,为化解地方债务风险提供稳定的外部环境。政府决策应避免对经济运行中存在的问题反应不足或过度反应,导致政策失调或超调,加剧经济的周期性波动幅度,为防控地方政府性债务风险提供稳定的外部环境。

2. 加快政府职能转变、降低民间资本进入门槛，从源头降低地方政府性债务风险压力

地方政府性债务迅速膨胀在很大程度上与政府大包大揽有关，一方面政府性债务居高不下，另一方面大量的民间资本难以找到投资渠道。这就需要加快政府职能转变，同时，逐步降低民间资本进入基础设施领域投资的门槛。

（1）加快政府职能转变，进一步明确政府与市场的边界。市场机制利用人的自利性实现资源的优化配置，这是市场机制成功的重要原因。但也恰恰是这种动力机制的狭隘性，在外部环境的不完善条件下（信息缺失和不对称），导致市场失灵，成为政府干预经济的重要理由。政府固然可以通过政治、法律手段建立市场博弈的秩序，减少市场经济中的集体非理性问题，但是这种能力同样受到外部环境和自身能力的约束而表现出有限性，而且一旦获得权力，其功能就可能发生异化。政府治理经济的代价可能超出其所带来的利益。在现实的世界中，我们既不能克服人性的缺陷和构建完善的市场环境，也不能使政府臻于完美。因此，经济始终交织在市场与政府的动态博弈之中，彼此制衡，任何一方的过度倾轧都会导致经济运行的整体失衡。必须各守其道、各尽其职，才能保证经济的协调运转。因此，明确政府与市场的边界尤为重要。

目前，我国地方政府职能存在明显的"越位、错位、缺位"：①政府职能的"越位"即政府职能与市场功能不分，政府组织与企业组织、社会中介组织的职能定位不清和执守不严。地方政府不但承担着日益繁重的公共事务，而且还需要力保辖区经济发展。本可以通过或者借用市场机制完成的资源配置，政府却深度干预，做了不该做的和管了不该管的事，事倍功半。②政府职能"错位"，即各级政府之间的职能定位存在交叉混合，事权分配不合理，地方政府承担了与其财力不相匹配的过多事务，造成地方政府负

债履责。③政府职能"缺位",即本来应当由政府生产和提供的公共产品和服务,政府却没有充分尽职尽责,甚至在某些领域出现了"真空"。因此,要在整体上合理界定政府与市场边界的基础上,把政府由"全能型"转为"服务型",进一步"简政放权于市场",将政府有限的能力放到其应尽和可尽的职责上,做到有所为而有所不为。同时,进一步优化各级政府之间财力与事权的组合,保证地方政府事权与财力的合理匹配,根除地方政府过度盲目举债的内在压力和冲动。在此基础上,在官员政绩考核机制方面要明确其在职期间的"社会经济成效—政绩运作成本—债务风险水平"的联动考核标准,强化其离任审计,增强其预算约束感。

(2)降低民间资本进入基础设施领域投资的门槛,鼓励民营资本进入公共事业领域。我国地方政府性债务资金主要是用于市政建设、交通运输、土地收储整理、科教文卫及保障性住房、农林水利建设等基础设施项目,其支出比例占到86.54%。这些领域很多公共项目具有很强的可经营性或可销售性,如交通运输、市政建设等公共投资领域的可经营指数都相对较高,可以引入民营资本。世界银行的研究表明,政府公共投资领域的私人介入以及可能竞争程度要比人们通常想象的更广、更激烈,可以尝试通过PPP模式融资共建。利用私人资本筹建公用事业在世界范围内已经普遍存在,而且有很多成功的案例,在我国也不乏成功先例。如果我们能够降低民间资本进入公共基础设施领域的投资门槛,可以有效地缓解地方政府性债务的风险压力,实现基础设施投资主体的多元化,完善政府投、融资机制。因此,要降低审批和准入门槛,为民间资本投资大开绿灯。

有以下五点建议:①对各类投资主体同等对待,不得对民间资本单独设置附加条件,构建对所有企业一视同仁的投资管理平台。②打破我国城市公用事业长期采用区域性垂直一体化管理,地方公用事业管理部门所属企业的行业垄断特征,准许民营资本进入。③鼓励民间资本以独资、参股等方式进入交通基础建设、保障房建设和产业园区建设等重点领域。④民间资本进入这些领域时,要在政策导向上给予明确支持和提出具体的实施办法,作为相关部门的审批依据。简化审批环节,同时在价格政策上,允许民间资本在一定程度上享受更灵活的定价权。⑤从财政、金融、土地等各领域给予公用事业投资企业相应的优惠政策与支持,以确保经营企业的盈利能力,提高企业投资公用事业的积极性。

3. 加强地方政府公共投资的阳光决策

政府信息公开是我国未来改革的重点内容之一。加快地方政府公共投资和债务的信息公开步伐,保障和落实公众的知情权、参与权、表达权、监督权得到更多保障,减少政府机关公开政府信息自由裁量空间、提升政府管理的透明度。特别是要以财政性资金和社会公共资金为重点,着力提高政府资金公开透明度。让民众和社会来监督地方政府的公共投资行为和政府性债务。积极稳妥地推进财政预算信息公开。根据《预算法》,以政府预算、部门预算、预算执行、财政转移支付等内容为重点,分步骤、分层次、分内容不断地提高财政预算的公开性和透明度。加大财政专项资金的公开力度。全面梳理各类财政专项资金情况,以用于改善民生和促进发展的专项资金为重点,明确公开要求,逐年扩大财政专项资金的公开范围。加大政府非税收入的公开力度。建立完善的定期发布机制,公开地方政府性债务筹集资金安排的项目、实施进度和资金使用情况,公开国有土地使用权出让金等拍卖收入和使用、监督情况。推动行政事业性收费公开透明。健全收费公示、持证收费等制度,确保收费透明。优化行政事业性收费发布平台,完善行政事业性收费目录,公开收费项目、收费标准、收费主体、收费依据、收费范围、收费对象、收费情况等,接受社会公众的监督。增强政府投资项目和重大建设项目透明度。把公开透明的要求贯穿于投资项目管理、运营的全过程。及时发布"扩内需、保增长"政府投资的重点投向和资金测算情况。建立、健全重大建设项目公开制度,及时公布年度重大建设项目计划及其实施进展情况。公开年度政府实事项目的进展情况。进一步提高建设项目招投标透明度。进一步加大国有土地"招拍挂"相关信息的公开力度。分步骤、分层次、分内容建立地方政府性债务管理制度,建立各级政府之间债务信息网络化建设,实行地方政府债务年度余额管理,设立警戒指标,实时监督债务动态,对于过度举债政府实施责罚以限制举债。

4. 建立中央与地方债务风险合理分担机制,整体提高政府应对债务风险压力的能力

面对今后我国经济社会发展的各项硬性目标,在中央和地方之间要合理配置风险压力和抵抗风险能力。按照风险压力和抵抗风险能力均衡的原则,事权和财力配置要有利于合理匹配中央与地方,以及地方各级政府之间的债务。今后几年,主要着眼点在于尽可能释放财力到基层政府,以缓解其财政困难。因此,在加快地方税收体系建设的基础上,要改革现行政府间财政体制,尤其是理顺省级以下政府财政体制,想方设法增强基层政府财政能力,相对缓解区县财政的压力,从而为合理控制地方政府债务筹资、防范财政风险创造条件。要提高地方政府财力来源的稳定性和可预期性。合理配置各级政府的财权,逐步健全地方税体系,全面推进资源税和耕地占用税改革,研究推进房地产税改革。健全财政转移支付制度,提高一般性转移支付比例。

5. 建立辖区财政责任制度,加强地方各级政府的辖区内公共责任考核

为了防止省级以下各级政府的"层级化"行为倾向,应建立有效的辖区财政责任机制。建立辖区财政责任机制的实质,是让每一级政府的权力与责任对称。在行政管理实行委托代理和下级服从上级的条件下,一级政府既然有下派事权和上移财权的权力,那么,也应有其对称的责任:财力下

移,以使其辖区范围内纵向的各级政府和横向的各区域政府都能实现财力与事权的匹配,这样可以大大缓解基层财政和债务压力。具体表现在以下三个方面。

(1) 明确辖区内的横向财政能力平衡的责任。在既定的中央与省的财政体制框架下,省一级政府对其辖区内的横向财政平衡应首先负责,保证省域范围内的各地区之间具有大体相同的财政能力和基本公共服务。如果省财政的能力确实不够,难以承担省域范围内的平衡责任,再由中央财政给予相应财力。但在责任顺序上不能颠倒,辖区范围的最高政府承担第一责任,超出辖区的更高一级政府承担第二责任。以此类推,对于市域范围来说,市级政府承担所辖区域内各县级财政能力平衡的第一责任,省级政府承担第二责任。

(2) 明确辖区内的纵向财政能力平衡的责任。也就是说,不能只顾本级政府财政,还要保障辖区内下级政府财政。这种纵向平衡的财政责任应当由除了乡镇政府的各级政府承担,不同的是承担的责任大小不同。层级越高的政府,其责任自然就越大。省一级政府的纵向财政平衡责任就应当比市一级政府的责任更大。

(3) 无论是横向还是纵向的财政平衡,其衡量标准都是一样的,即财力与事权相匹配。从横向来看,就是各个相同层级政府之间都做到财力与事权相匹配,如市与市之间(省域辖区责任)、县与县之间(市域辖区责任)、乡镇与乡镇之间(县域辖区责任)比较,其财力都应能满足其履行事权的需要。从纵向来看,就是每一个层级的政府财政都实现了财力与其事权相匹配。如果纵横都实现了财力与事权相匹配,也就可以说,实现了辖区内的横向和纵向财政能力平衡。

6. 立足中国国情建立政府财务报告体系

加强地方政府性债务管理,需要立足中国国情,建立政府财务报告体系,以全面反映政府财务状况。中国政府拥有大量国有资源、国有土地与国有资产,这完全不同于西方国家。因此,简单地套用西方国家的有关指标来评判中国的赤字规模与负债状况,显然是不对的。当前关于政府债务负担问题存在较多争论,原因就在于缺少充分的政府资产负债信息。政府的资产负债情况关系到财政的可持续性问题。中国政府资产负债表的编制涉及许多技术难题。大量的国有资源和国有土地缺少市场交易价格,很难对它们进行估价。而且,国有资源存在的形式决定了要对国有资源的数量进行统计都有一定的难度。可以先从简单的方面着手,先行统计行政事业单位国有资产信息、经营性企业国有资产信息、政府投资的基础设施资产信息等。政府的负债也不仅仅是政府所发行的公债,还包括大量或有负债、隐性负债。这些负债与直接负债不同,但可能转化为未来政府的负担,而传统的政府预算是难以将此涵盖在内的。同时,中国还应借助现金流量表,对政府现金流进行评估,更直观地把握国库资金的运作效益状况。从政府预算体系来看,无论有多少种政府预算,从根本上看,必须将公共财政预算置于核心地位。其他各种子预算之间的联系也必须通过公共财政预算。唯此,才能保证政府预算体系的统一,才能保证政府可支配财力的集中使用并得到有效监督。

从长期来看,应该实行权责发生制政府会计,建立与国际接轨的政府财务报告编制和审计制度。这要求设计规范的政府财务报告编制准则,并正确设定政府会计的核算范围。比较完整的政府财务报告应当包括现金流量、资产负债等方面的信息,就其内容来看,不仅应包括预决算情况的信息,还应包括国有资产方面的信息、社会保险基金方面的信息等,以保证政府财务报告信息的全面性、真实性和可比性。为保证政府财务报告信息的可靠性,需要建立与之配套的审计制度。在国外,政府财务报告需经过独立审计部门的审计批准方可递交国会和向公众披露,我们也应建立有制约力的审计监督制度。

参 考 文 献

［1］史丹. 我国经济增长过程中能源利用效率的改进[J]. 经济研究, 2002
　　(9).

［2］邹艳芬, 陆宇海. 基于空间自回归模型的中国能源利用效率区域特征
　　分析[J]. 统计研究, 2005(10).

［3］陈彦斌, 姚一旻. 中国经济增速放缓的原因、挑战与对策[J]. 中国人民
　　大学学报, 2012(5).

［4］俞可平. 新观念推动我国民主政治进步[J]. 领导科学, 2007(19).

［5］娄冰. 中国预算制度: 变迁轨迹和改革路径[D]. 中国社会科学院研究
　　生院博士学位论文, 2013.

［6］王绍光. 美国进步时代的启示[M]. 北京: 中国财政经济出版社, 2002.

［7］杨媛媛. 我国绩效预算制度研究[D]. 中共中央党校硕士论文, 2013.

［8］王熙. 美国预算制度变迁及其对中国的启示[J]. 中央财经大学学报,
　　2010(2).

［9］徐华娟. 美国进步时代的国家治理[N]. 学习时报, 2014-09-14(9).

［10］许国林. 美国镀金时代的社会经济政策及其影响[J]. 郑州大学学报
　　(哲学社会科学版), 2001(4).

［11］姜维壮. 比较财政管理学[M]. 3版. 北京: 北京大学出版社, 2011.

［12］傅志华, 刘微. 透视俄罗斯百年财政中的五次"预算困境"[N]. 俄罗斯
　　中亚东欧研究, 2009-08-06.

[13] 童伟.俄罗斯预算制度改革评析[J].俄罗斯中亚东欧市场,2008(2).

[14] 张曙光.市场经济与民主法治[EB/OL].中国政治学网,http://newcp.ccnu.edu.cn/showSubject.asp? NewsID=760.

[15] 陈志武.现代技术催生民主法治[OL].中国评论月刊(网络版),http://www.zhgpl.com.

[16] 高小平,沈荣华.推进行政管理体制改革:回顾总结与前瞻思路[J].中国行政管理,2006(1).

[17] 柴生秦.新公共管理对中国行政管理改革的借鉴意义[J].西北大学学报(哲学社会科学版),2000,30(2).

[18] 楼继伟.在中国财政学会2015年年会暨第20次全国财政理论讨论会上的讲话[Z].2015-04.

[19] 苏明,李成威,赵大全,等.关于预算公开的若干问题研究[J].经济研究参考,2012(50).

[20] 许昆林.在全国节能减排电力价格大检查部署动员大会上的讲话[EB/OL].2010,国家发展改革委员会网站.

[21] 向清成.论区域合理投资规模的确定[J].衡阳师专学报,1999(1).

[22] 詹卉.地方政府投资冲动行为研究[M].北京:经济科学出版社,2013.

[23] 李文.深刻认识我国经济发展新常态[N].人民日报,2015-06-02.

[24] 杨晓维.经济增长放缓影响就业了吗[N].光明日报,2015-10-14.

[25] Lucas R. Models of Business Cyeles [M]. Oxford:Basil Blackwell,1987.

[26] Joe McDonald.中国经济增长放缓影响全球的5个方面[N].胜一,译.青年参考,2014-02-19.

[27] 财政部财政科学研究所.国家财税体制改革及2030年前财政收入预测[R].研究报告,2014-12.

[28] 王泽彩,程瑜.绩效是改进预算制度的内在要求[N].经济参考报,

2015-01-22.

[29] 王宇龙,周战强,安秀梅. 公共支出绩效评估模型略论[J]. 财政监督,
2007(5).

[30] 戴维·奥斯本,彼德·普拉斯特里克. 摒弃官僚制:政府再造的五项战
略[M]. 谭功荣,刘霞,译. 北京:中国人民大学出版社,2001.

[31] 蔡立辉. 西方国家政府绩效评估的理念及其启示[J]. 清华大学学报
(哲学社会科学版),2003(1).

[32] 财政部财政科学研究所. 财政预算体制改革[R]. 内部报告,2015-08.

[33] 白景明,赵新国,李成威,等. 广东南海模式与建立中国式绩效预算
[M]. 北京:中国财政经济出版社,2010.

[34] 财政部综合司与财政部财政科学研究所联合课题组. 现代财政制度的
基本理论框架和若干重大政策问题[R]. 研究报告,2014.

[35] 吕冰洋. 现代财政制度与国家治理[J]. 中国人民大学学报,2014(5).

[36] 李成威. 公共财政资源配置职能的实现机制[J]. 中央财经大学学报,
2002(11).

[37] 托马斯·皮凯蒂. 21 世纪资本论[M]. 北京:中信出版社,2014(9).

[38] 刘尚希. 财政改革、财政治理与国家治理[J]. 理论视野,2014(1).

[39] 刘尚希. 民生财政是以人为本的财政[J]. 群言,2013(2).

[40] 王凌俊. 改革开放 30 年,大国崛起的隐语[J]. 改革开放,2010(4).

[41] 俞可平. 国家治理现代化须超越任何群体局部利益[EB/OL]. http://
news. ifeng. com/exclusive/lecture/special/yukeping3/.

[42] 刘明慧. 从公共财政制度到现代财政制度:逻辑演进与职能定位[J].
财政监督,2014(17).

[43] 项怀诚. 中国财政 50 年[M]. 北京:中国财政经济出版社,1999.

[44] 谢旭人. 中国财政 60 年(上卷)[M]. 北京:经济科学出版社,2009.

[45] 楼继伟. 中国政府间财政关系再思考[M]. 北京:中国财政经济出版

社,2013.

[46] 王熙.美国预算制度变迁及其对中国的启示[J].中央财经大学学报,2010(2).

[47] 崔惠玉,郑亚敏.日本预算管理体制的借鉴与思考[J].领导之友,2003(6).

[48] 傅志华,刘微.透视俄罗斯百年财政中的五次"预算困境"[J].俄罗斯中亚东欧研究,2009-08-06.

[49] 童伟.俄罗斯预算制度改革评析[J].俄罗斯中亚东欧市场,2008(2).

[50] 赵福昌,李成威.完整性——政府预算体系改革的方向[N].2014-10-25.

[51] 审计署.2013年第24号公告:36个地方政府本级政府性债务审计结果[R].2013-12.